做自己，不必討好全世界！

米蘇 著

萬里機構

在過往的人生中，你是否一直都用這樣的方式生活——

- 總是微笑着面對所有人，就算遭人嘲弄，也不敢翻臉發脾氣。
- 永遠把別人的需求放在第一位，為了滿足他人的期待，寧願犧牲自己的利益。
- 不敢説出自己的真實想法，不敢向他人提要求，害怕給人添麻煩，惹人討厭。
- 處處迎合別人，習慣隨聲附和，向來都只會説「好」和「是」。
- 害怕得罪人，即使內心咆哮着千萬個「不願意」，也不敢開口拒絕。
- 給別人幫忙時，比做自己的事情還要小心謹慎，力求讓別人滿意。
- 沒有邊界意識，沒有底線和原則，總是在關係中吃虧和受傷。
- 對他人的情緒反應特別敏感，總覺得別人不高興一定和自己有關。
- 每天忙於應付各種人的需要，身心疲憊不堪，卻只會默默地承受。

- 見不得他人受苦，總想背負他人的情緒和痛苦，甚麼都不做會感到內疚。

也許，這只是你所承受的一小部分，還有許多不為人知的委屈和難以言說的辛苦，被你悄無聲息地掩埋在心底。你堅守着自己的「信念」，以為秉持真誠善良、懂得隱忍退讓、多替他人考慮、不去計較得失，就可以換得同樣的真心相待。可是，你不知道，也從來沒有人告訴你，少了鋒芒的善良、委曲求全的退讓、忽略真實的感受、犧牲自己的利益，早已經背離了善良的本意。你所做的一切，在他人眼中不過是卑微的討好，而你也成了可以隨意使喚、任意欺負的對象，因為傷害你和辜負你無須付出任何代價。

如果你經歷過或正在經歷這樣的人生，我想對你說一聲：「這些年，你辛苦了！」討好不是你的錯，更不是一種罪過，沒有誰是天生的討好者，是無法選擇的環境和成長經歷造就了這樣的你。每一次的迎合與討好都是一次強迫性重複（無意識地傾向於重複創傷性事件或其環境），你需要看見困住你的錯誤信念，看見你的迫不得已，從而真正理解自己的不易 —— 放下對討好型人格的羞愧與自責，摘下「好人」的面具，做回真實的自己。

成長不是一件容易的事，所有的蛻變都伴隨痛苦，你要扭轉錯誤的認知，要改變熟悉的行為模式，還要在忍不住想要退縮的時候狠狠地「推」自己一把。可是，請你相信，這是世間最值得吃的一份「苦」。

當你衝破了內心的困境，當你勇敢地選擇了改變，你的思想、你的行為、你的人生都會變得不一樣，這種「不一樣」不是轟轟烈烈的，而是細小微妙的，也許只是在會議上勇敢地說出了自己的想法，也許只是回絕了朋友的週末邀約，也許只是憑藉喜好而非價格給自己挑選了一份甜品⋯⋯它們看起來有些微不足道，可是不要忘了，我們的人生正是用這些細碎的片段串聯起來的呀！

勇敢地直抒己見，毫無愧疚地回絕，尊重真實的感受，代表的不只是一個單純的選擇，更重要的是隱藏在選擇背後的信念——「我不畏懼他人的評判」、「我不必贏得所有人的喜歡」、「我有權利做自己想做的事」、「我很重要，我的感受也很重要」。這意味着，你不再以外界為軸心，而是以自我為軸心，重塑了自己的活法。

米蘇

目錄

第二章：總是忍不住取悅別人，你到底在想甚麼
——討好背後的心理困境

第三章：醒醒吧！「好人」只會愈當愈委屈
——認清「討好不得好」的真相

第四章：沒有界限的關係是一場災難
——設立邊界是對自我的尊重

第五章：糾結和自在，只隔着一個字
——不帶任何愧疚地說「不」

第六章：沒有一種批判比自我批判更強烈
——跳出過度自省的怪圈

第七章：別再圍着他人轉，你不虧欠任何人
——以自我為軸心去生活

你能敏銳地覺察到別人的需求，並努力滿足別人的期待；你不願意違背別人的意願，也不願意輕易給別人添麻煩；你很少發表不同意見，用贊同來避開衝突與競爭……當一切成為習慣，即使你感到糾結和痛苦，卻仍會那麼做。你以為這是善解人意，卻忽略了一個事實，沒有底線的善良，早已背離了善良，成為卑微的討好。

第一章

你以為是善解人意，其實是在討好世界

討好型人格的7個跡象

「老闆陰沉着臉，是不是我做錯了甚麼？」

討好的跡象 1

習慣察言觀色，對他人的情緒變化極度敏感

不知道從甚麼時候開始，察言觀色成了一項備受追捧的能力，無論是在職場、社交還是親密關係中，不會解讀氣氛，不能根據環境的變化調整自己的反應，就會遭人嫌棄和詬病，被冠上「情商低」的帽子；反之，懂得察言觀色，能敏銳地覺察出他人的情緒變化，適時地調整自己的反饋，就意味着情商高。

察言觀色的能力＝情商指數，這個等式成不成立呢？

情商，是指對情緒的理解和控制，以最大化提升其對行動的正面影響。

心理學家通過長期研究發現，情商主要體現在 5 個方面：

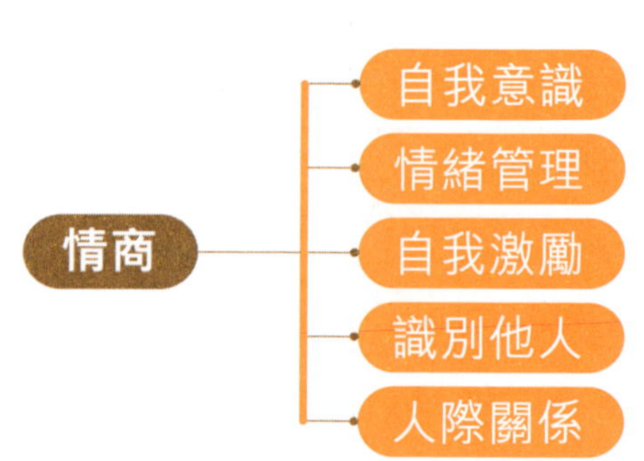

❶ **自我意識** ——及時注意自身的真實感受。

❷ **情緒管理** ——以正確的方式處理積極情緒與消極情緒。

❸ **自我激勵** ——相信自我，肯定自我，有強大的心理復原力。

❹ **識別他人** ——識別和理解他人的情緒狀態，並作出適當的回應。

❺ **人際關係** ——妥善地處理人際關係，輕鬆應對社交生活。

在人際相處中，人們有時並不是直接用語言表達自己的感受，而是以表情、隱喻、動作來表達心情和需要。高情商的人會察言觀色，及時地體會到他人的這種表達，並作出適當的回應。但，這僅僅是情緒智力中的一部分，高情商還包含着對自我情緒感受的覺察與關注、對自身價值的認可，以及用恰當的方式處理人際關係。

如果一味地強調察言觀色，過度地共情他人，忽視自己的感受，就越過了情商的界限，演變成了討好。

28 歲的女孩大島凪，總是笑眼彎彎，待人和氣友善。她最擅長的事就是察言觀色，只要氛圍稍有一點尷尬，她立刻就會跳出來打圓場。有一次，同事的工作紕漏惹得上司大發雷霆，為了平息上司的怒氣，她竟然主動站出來背鍋。

如此會察言觀色的女孩，有沒有在人際關係中如魚得水呢？她自嘲地説：「我，多麼愚蠢，多麼可笑，以為自己卑微地讀氣氛、看臉色，別人就會真正喜歡我、接納我，我可以得到幸福。可事實上，我一敗塗地。」[1]

在社交關係中，每個人都可能出於人情世故的需要，下意識地做出一些「討好」行為，最常見的情形莫過於，逢年過節給親戚、朋友、上司送禮物，或是對身邊的同事、朋友不吝誇讚。這種「討好」是一種普遍且正常的行為，其本質上是一種社交技巧。

討好型人格與之有很大的區別，它是一種固定的人際交往模式。換句話說，一個討好型人格者，除了一味地「討好」，不會用其他方式與人交往。

小華猶如敏感的「勘測儀」，時刻都在察言觀色，總是可以又快又準地捕捉到他人的情緒。如果對方表現出開心、滿意的樣子，她會發自內心地感歎「真是太好了」、「終於可以鬆一口氣了」；一旦對方的情緒「晴轉陰」，哪怕只是皺一下眉頭、露出一絲不悅，或是沉默了幾秒鐘，她都會感到極度不安，湧現出一連串的「內心戲」：

——「老闆陰沉着臉，是不是我做錯了甚麼？」

——「為甚麼我說完那句話，他忽然沉默了？我要不要和他閒聊一下？」

——「客戶看起來有點遲疑，我要不要再做一份計劃書？」

1. 故事情節來自日劇《凪的新生活》。

——「她今天心情不好，午餐時給她點杯奶茶？」

……

討好型人格者的察言觀色，最終的目的是讓別人滿意，讓別人歡喜。他們隱忍細緻、體貼遷就、溫良恭順，把漫長的糾纏與損耗全部留給了自己。

從某種角度來説，討好型人格是自我意識弱的表現。發表在《自然神經科學》（*Nature Neuroscience*）上的一項研究結果指出：討好他人會改變自己的行為方式，也會讓你不再那麼誠實。你會開始説一些善意的謊言，以便在交談中説出對方想聽的答案。起初，這些謊言可能無關緊要，但漸漸地，你會輕易地説出更多的謊言，而有些謊言會帶來很大的危害。你完全沒有意識到自己變成了另外一個完全不同的人，陷入了你所編織的謊言之中。[2]

如果你也是這般地察言觀色，請別再沉溺於「會做人」和「情商高」的虛名了。空氣不是用來讀的，是用來呼吸的；你自以為的善解人意，不過是在討好世界，也沒有人會珍惜。

2. 蔡斯．希爾：《停止討好別人》（美國：中國科學技術出版社，2022 年 11 月）

「把捲髮拉直，成為他喜歡的樣子！」

討好的跡象 ❷

渴望獲得認可，極力滿足他人的期待

討好行為最可悲的地方在於，一旦開始，常常是沒有盡頭的。當討好者被貼上了「溫柔」、「體貼」、「善良」、「懂事」的標籤之後，會不自覺地回應這些標籤，回應他人對自己的期待。他們會擔心，如果不按照別人所期待的那樣行事，註定會被給予一個糟糕的評價，會毀掉別人對自己的美好印象。

大島凪有一個神秘交往着的男友。之所以說「神秘」，是因為兩人同在一家公司，而所有人都不知道他們在交往。男友的性格與大島凪完全相反，很擅長掌控氣氛，是公認的職場精英。

在大島凪看來，有幸和這樣一位男士交往，是她僅有的一點驕傲。她是天生的「羊毛捲」，從少女時代開始，就一直被母親嫌棄，所以她總是把頭髮拉得很

> 直。男友曾經說過一句「我喜歡你的頭髮」，她就牢牢記在了心上。兩人一起生活後，她始終不敢讓對方看到自己的「羊毛捲」，每天早上趁男友沒醒時，偷偷起來把頭髮拉直。
>
> 大島凪努力成為男友喜歡的樣子，對方卻從未公開承認過他們之間的關係，甚至在和同事閒聊時對大島凪進行各種嘲諷和挖苦，說她節儉寒酸，和她在一起只是因為性方面和諧罷了。站在門外的大島凪無意間聽到了這些話，無法承受精神打擊的她，直接暈倒在地。

大島凪對待男友的姿態，完整地呈現出了討好型人格的跡象——渴望得到他人的認可，在言行上不自覺地討好他人，極力滿足他人的期待。

討好型人格者的注意力焦點是怎樣滿足他人的期待，包括生活、工作、學習等各個方面的大小需求。他們通常會用付出（乃至自我犧牲）的方式來滿足他人的期待，以此換得對方的認可或感激，體驗「被需要」的感覺，找到自己在他人心中的位置，找到對自我的肯定。

在人際交往中，討好型人格者特別在意自己是否被喜歡、受歡迎。為了獲得他人的認同，他們會努力調整自己的感情去適應他人，養成通過滿足他人的願望來獲得愛和安全感，以確保自己得到別人的關愛的習慣。可悲的是，在不斷調適自我、迎合他人的過程中，他們會逐漸地忘記真實的自己是甚麼樣子。

有討好型人格傾向的來訪者小華，在諮詢室裏對我説：「如果我愛上一個人，我會先打聽他心目中的理想愛人是甚麼樣子，努力讓自己變成他喜歡的樣子。他喜歡清純我就清純，他喜歡性感我就性感……」聽到這番話時，我聯想到了另外的一個故事。

故事的主人翁是一名女模特兒兼演員，她在事業上很有前途，深受業界人士的認可。後來，她瘋狂地愛上了一個導演，對方有明顯的大男人主義傾向。也許是出於對這個男人的愛與敬佩，她接受了他的掌控和指揮，以討好的姿態向他保證：「我會永遠努力讓你滿意。」

男導演帶着她去看了整形醫生，接下來，她就像一個任人擺佈的玩偶，隆胸、隆臉頰，改善面骨結構，把嘴唇、眉毛和眼線永久著色……在努力讓他滿意的過程中，這個女人對自己的身份認同失去了控制，她做每一件事都渴望得到他的指點和同意，害怕自己的行為會出錯，害怕被他厭惡和拋棄。她小心翼翼地討好着他，可即便如此，依然沒有阻擋她最擔心的那一幕的到來……

每次想到這個故事，我都忍不住感慨——多麼卑微，多麼悲哀！

沉浸在過度的討好中，努力滿足對方的期待，渴望通過單方面的付出來維繫一段關係，哪怕是過分的、不合理的條件，也不敢有絲毫的違背。這樣的行為看似偉大、無私和忘我，實則是在忽略自我需求，削弱自我意識，失去對自我的掌控。

討好型人格者之所以被稱為「老好人」，就是因為他們渴望讓每個人都喜歡自己，自我價值完全依賴於他人的認同。別人的一點點肯定都會給討好者帶來驚喜，他們全然忘了，人們本應該喜歡你本來的樣子，而不是你為他們做了甚麼。若是因為你的付出而認同你，當你稍有差池、無法滿足對方時，你就失去了利用價值，對方也可能會瞬間變臉。

「不幫同事做 PPT，會不會傷了和氣？」

討好的跡象 ❸

即使內心不情願，也難以開口拒絕

小K自稱，他從小到大都是一個特別好説話的人，不知道怎麼拒絕別人。只要別人開口找他幫忙，不管內心願不願意，有沒有難言的苦衷，他都會答應，然後自己想辦法解決。這個過程中充滿了糾結與掙扎，他也會暗暗痛恨自己不該答應對方，到下一次遇到了類似的情境，即使那個「不」字已經到了嘴邊，他也會硬生生地把它吞下去。

周圍人總是誇讚小K熱情溫和，很好相處，他也認可了這樣的評價，願意做別人心中的「好人」。在過去的很多年裏，他甚至把這種「好説話」的特質視為一種優點。然而，隨着年齡和閱歷的增加，特別是步入職場之後，小K漸漸發現，事實並非如自己所想的那樣，他的生活因為「好説話」的特質，漸漸變得不堪重負。

小K家境並不富裕，上大學的時候，父母每個月給他的生活費很有限。可是，宿舍的同學經常組織聚餐，無論是某人過生日，還是慶祝節假日，都少不了要去外面吃飯。有時，還要給同學送上一份禮物。對於這些活動，小K本身不是很喜歡，且經濟條件也不允許，可他卻一次也沒有拒絕，都是強顏歡笑地出席。當聚會結束後，再壓縮每日的餐食費用。

工作之後，好不容易開始了自力更生，可他依然不知道怎樣「保護」自己。他知道自己經驗尚淺，在很多地方需要他人的協助和支持，為了和團隊人員搞好關係，他在上司和同事面前表現得很殷勤，承擔了許多原本不該由自己去做的事。為了得到一個「好人緣」，他多次撇下自己手裏的事，先幫同事解決問題，再獨自一個人深夜加班，追趕進度。

有一次，他花了2小時幫同事整理會議資料，本以為事情到此就結束了，沒想到同事竟然又央求他：「哎呀，明天10點的會議，時間太緊張了，能不能和我一起做PPT呀？我做PPT太慢了，萬一有紕漏就誤大事了！你也知道，這會議對我們部門有多重要……」

小K不太想幫這個忙，且認為同事的要求有點「變本加厲」了，可是腦子裏的一個聲音卻阻止了他開口拒絕——「不幫同事做PPT，會不會傷了和氣？都在同一個小組，日後還怎麼相處呢？」想到這裏，他又硬着頭皮答應了。

日本作家太宰治在《人間失格》裏寫道：「我的不幸，恰恰在於我缺乏拒絕的能力。我害怕一旦拒絕別人，便會在彼此心裏留下永遠無法癒合的裂痕。」

成長，從來不是一件容易的事，更不存在一蹴而就的奇跡。人格成長之路很漫長，且會在實踐中遇到諸多的困難、阻礙，但我也為小 K 感到慶幸，他沒有繼續原地踏步，而是主動踏上了這條自我救贖與超越的路。

小 K 想用勤奮換得認同，想維繫融洽的人際關係，這個出發點本身沒甚麼問題。可是，無條件地接受任何請求，犧牲自己的時間優先處理別人的事情，就違背了初衷，也會距離目標越來越遠。職場需要的是可以創造價值的員工，而不是把所有精力都用來討好別人的「老好人」。更何況，受邊際遞減效應的影響，別人會慢慢習慣你的付出，習慣你從不拒絕的態度。當有一天你不想這樣做時，你會發現自己立刻變得不受歡迎，甚至還會慘遭埋怨。

不懂拒絕讓討好型人格者變得卑微又悲催，生活被一張張寫滿承諾和待做事項的清單佔據，沒有自由支配的空間，也沒有休息和娛樂的空間。生活彷彿不再是自己的了，凡事都要看別人的臉色，只能默默記下別人的要求，皺着眉頭去執行：做好了，繼續維繫「好人」的名聲；做得不好，還要被人嫌棄。

這就是可憐又可悲的老好人，寧願說謊也不敢說「不」，沒有原則和底線地接受他人的請求。殊不知，憑藉討好去維持的關係，遲早都會斷裂。**沒有誰是依靠服從他人的一切要求來證明自己的價值和尊嚴的**，不懂拒絕的人生，註定是一場苦澀之旅。

「提出那樣的請求，顯得我很矯情吧？」

討好的跡象 ④

不敢向別人提要求，害怕給別人添麻煩

幾年前的一個夏天，我和朋友Z一起買茶飲，當時手裏有些零錢，就沒有用手機支付。我遞給了營業員40元的紙幣，按照2杯茶飲的價格計算，他需要找我10元的零錢。

營業員遞給我一張10元錢的紙幣，我看了一下，紙幣非常破舊。我沒有多想，本能地對他說：「這張紙幣太舊了，幫我換一張吧！」營業員接過錢，重新找了我一枚10元硬幣。

這是一件很平常的小事，小到完全不需要去在意，我之所以會記得這麼清晰，完全是因為朋友事後跟我說的那番話：「你知道嗎？如果是我，可能就直接把那張紙幣裝起來了，不好意思讓人家幫我換。剛剛看你說得那麼自然，那麼『理直氣壯』，我竟然還生出了一點羨慕⋯⋯有些事情是很小、很平常，可

是對有些人來說，它就是很難做到。」

我完全可以理解朋友 Z 的感受，以及她所說的那種「被小事難住」的困惑與掙扎。不敢向他人提要求，確實是討好型人格的一個明顯特徵。他們習慣了戴着「老好人」的面具，對別人提出的請求，從來都是有求必應；可到了自己這裏，即使是正當的需求，也覺得難以開口，經常是壓抑自己的需要，委曲求全。如果迫不得已麻煩了別人，一定要想方設法補償對方，否則內心會充滿不安和愧疚。

為甚麼討好型人格者不敢向別人提要求呢？

就買茶飲找零錢之事，朋友 Z 是這樣解釋的：「那 10 元錢紙幣只是舊了點，不換的話也可以用，我總覺得向營業員提出換一張新幣，會不會顯得很「矯情」？萬一他回覆我，沒有新的紙幣，我可能會感覺特別尷尬，比較抵觸這樣的情景。當時，後面排隊的人那麼多，要是因為 10 元錢的小事耽誤時間，也會招人煩的吧？」

有沒有發現，Z 給出的這一系列解釋全都是圍繞「他人」展開的：怕給人留下「矯情」的印象，怕遭到別人的拒絕，怕被人指責和討厭。這就是討好型人格者不敢開口提要求的癥結，他們太在意別人的眼光和評價，時刻把別人的感受放在第一位，而不去思考自己的需求和感受。

討好型人格者是不是只對外人不敢提要求呢？不，在與同事、朋友和家人相處時，他們也經常壓抑自己的需求，但這些被壓抑的需求和情感不會消失，而是以其他的方式表現出來，可能是身體上的疾病，也可能會在情緒累積到一定程度時集中爆發。

小秋和男友商議，以後每個週末的早上都由男友去遛狗，她留在家中做飯。男友欣然同意，還表示借助遛狗的機會，可以出去活動一下身體。可是，真到了執行時，男友卻總是拖拖拉拉，好幾次都是小秋催他起來的。

上個週末，小秋眼看着時間一分一秒過去，男友已經拖延了 40 分鐘，還沒有起來去遛狗，她終於按捺不住憤怒的情緒對男友說道：「我特別不喜歡向你提要求，好像我是一個「惡人」，逼着你做事情一樣！你也不喜歡我這樣嘮叨吧？既然都是商量好的事，為甚麼你就不能主動去做呢？」

男友揉揉眼睛，對小秋說：「不好意思，我起晚了。我從來沒有覺得，你跟我提要求就成了『惡人』啊！我不經常遛狗，有時就把它忘記了，下次我再睡過頭，你直接叫我就行了。」

聽完男友的話，小秋瞬間就不生氣了，她忽然意識到：男友並不是不想去，他只是平時不遛狗，週末忽然增加了這項事宜，還沒有形成習慣。至於自己的那些憤怒，完全都是她自導自演的內心戲碼，是她不敢向男友提要求，認為「要來的不值錢」。

對討好型人格者來說，沒有甚麼比被人說挑剔、自私、不懂事更難受了。不向別人提要求，就不會看到對方為難的樣子，也不用面對可能會遭到拒絕的尷尬，更不必承受因為對他人有需求而產生的那一份羞恥感。

「這方案不是很好，但我還是舉手同意了！」

討好的跡象 5

不敢表達不同意見，畏懼衝突與爭執

我們來做一個小測試，下面有一些詞語，你認為哪些詞語比較符合你的性格特點？

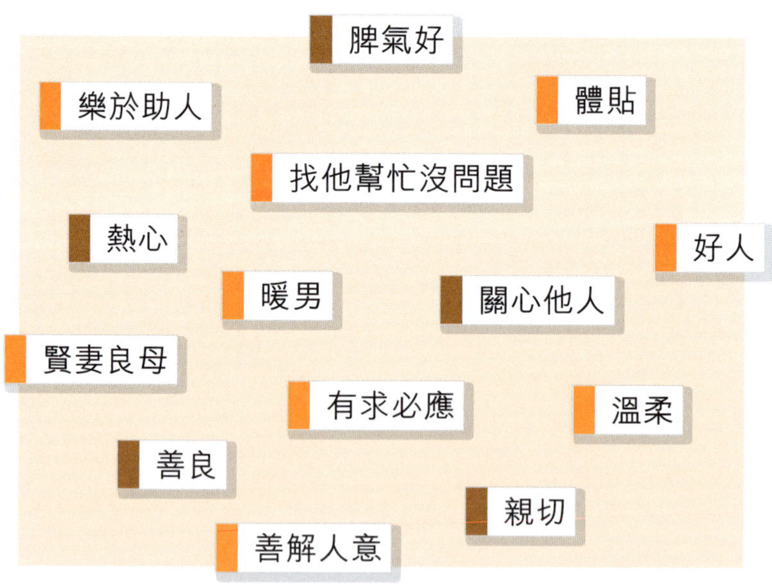

如果這些標籤你中了 70% 以上，那麼你可能也存在討好型人格的傾向。

澄清一下，討好型人格並不是一個貶義詞，也不屬人格障礙，而是一種潛在的不健康的行為模式。雖然人格具有獨特的、相對穩定的行為模式，但它並不是僵化的、無法改變的。每個人的人格或多或少存在一些不完善之處，但也正因為萬物皆有裂痕，才給了光照進來的可能。人的成長過程，就是不斷了解自我、提升自我、完善自我的過程。

討好型人格者情感細膩、共情力強，總能夠在第一時間感受到別人情緒的變化，覺察到別人最需要甚麼，會很自然地站在對方的角度去看、去聽、去想問題，能夠對他人的不幸遭遇給予共情。他們性格溫和，不喜歡與人起衝突，不自誇，個性淡薄，與人相處時也會避開緊張與衝突，以維持和諧的人際關係。

這些特質是討好型人格者身上的閃光點，也是人性中的美好之處。只不過，現實中絕大多數的討好型人格者並沒有抵達「健康人格」的層級，或多或少存在着一些缺陷，比如：情感細膩，可以擁有更多的感觸和體悟，但對他人的情緒反應過分敏感，就會給自己帶來困擾，造成精神內耗；有同理心是好事，可以更好地理解他人，但過度共情就會認為自己有責任幫助對方解決問題，從而在身體和情感上感到疲憊。

討好型人格者給人的印象大都比較親切、隨和，這是一種與生俱來的特質，為打開社交之門提供了極大的便利。可是，如果隨和過了頭，失去了分寸，不考慮自己的需求和感受，用遷就的方式來維持人際關係的和平狀態，那就是一種人格缺陷了。

> 部門同事聚餐，採用AA制的方式。有人提議吃川菜，S根本吃不了辣的，可她卻應和着說「川菜不錯」；有人不同意，表示想吃西北菜，S也附和着說「我沒有意見」。其實，S最喜歡吃粵菜，只是因為害怕同事不喜歡，認為她的提議太過「小眾」，故而閉口不提。
>
> S特別害怕跟別人起衝突，哪怕只是很小的一件事，哪怕只是別人的一個皺眉，都會讓她心裏不舒服很久。她盡量回避衝突與爭執，即使是自己不想做的事，也不會激烈地抗議。別人都覺得S很好相處，他們並不知道，這份「好相處」來自隱藏自己的想法和意見。

和討好型人格者相處時，經常會聽到這樣的聲音：

——「隨便！」

——「都可以。」

——「我沒有意見。」

——「聽你的吧！」

——「不用考慮我。」

——「我忍一忍就好了。」

——「千萬別傷和氣。」

——「大家都不容易。」

從不主動發表意見，不作決定，不説吃甚麼，不説看甚麼電影，不説去哪家咖啡店，凡事都讓別人來決定，自己只是被動跟着去。這是討好型人格的一個特點，但因為它表現得比較隱蔽，常常會被他人（甚至是討好者自己）誤認為是「隨和」。

沒有人喜歡和別人爭論，但厭惡所有衝突未必是一件好事，你希望保持和平、融洽的關係，故而選擇妥協、息事寧人、放棄自己的權益和需求。可是，你有沒有想過，**從來不為自己説話，不為自己爭取，會有人知道你的想法嗎？**會有人在意你的需要嗎？長此以往，也就沒人再徵求你的意見了，你就這樣「被透明」了。

你可能會很難過，為甚麼大家都不考慮我的感受？但更讓你感到無力的是，下一次再遇到相似的情形，你還是會下意識地説：「隨便，你們定就好了。」

「再懶散下去就失業了，要幫幫他！」

討好的跡象 6

缺少邊界意識，總想為別人的事情負責

去年夏天，我到遼東半島的最南端遊玩，恰好當日天氣晴好，有幸目睹了黃渤海分界線。景觀很美，也令人感歎——渤海略黃，黃海湛藍，兩海相交卻不相融，彼此之間有一條清晰的邊界。想來不融也是對的，畢竟是兩片不同的海域，若融合在一起，還有何分別呢？

生活中的物理邊界，都是一目了然的。你看，家家戶戶都有圍牆，種花草或蔬菜的庭院有籬笆，田間地頭有壕溝，這些邊界都在傳遞着同樣的信息：這是我的地盤，我是它的主人，未經我的允許，誰都不可以越界。

其實，我們的身體與心理也是有邊界的。身體最基本的邊界是皮膚，它可以防止細菌的侵入，這也是清晰可見的。然而，心理的邊界並不是外顯的，它隱含在語言、情緒、態度和信念中。有心理邊界意識的人與缺少心理邊界意識的人，在生活中的表現完全不同。

美國心理學家約翰・湯森德博士指出：「心理邊界健全的人，對於生活和他人都有明確的態度，做事的立場也很堅定，觀點清晰，有自己的追求和信仰；反之，沒有心理邊界的人，由於內心缺少判斷的標準，故而做甚麼事情都猶豫不決、態度曖昧，對待工作、生活、感情都沒有參考的標準。這樣的人在參與人際交往的過程中，總是處於被動的境地，一旦別人態度稍微強勢一些，他們就會毫不猶豫地妥協和退讓。」

構建心理邊界的意義，是讓我們擁有一個獨立而強大的人格，更好地了解自己的情緒、感受和需求，遇到不喜歡的事情、超出承受範圍的請求，以及不公平、不舒適的對待時，敢去捍衛自己的尊嚴與感受，學會真正地愛自己，同時也學會真正地愛他人。

透過約翰・湯森德博士的描述，我們也可以清楚地認識到：多數討好型人格者缺少心理邊界意識，他們不敢拒絕別人的無理請求，不敢表達自己的真實想法。別人拋過來的所有情緒和問題，他們都會無條件地接受。更可悲的是，即使別人沒有把麻煩拋給他們，討好型人格者也會主動上前，去背負原本不屬自己的包袱。

Ceci 工作能力很強，在公司裏擔任助理的職位。不過，她做的卻不僅是助理的工作！每天早上，她第一個來公司打掃整理；上司進門後，她立刻把咖啡端過去；新人在工作上遇到了困難，都會找她求助，認為她脾氣好、有耐心；同事在工作上出錯，也會把「爛攤子」丟給她處理。

上週，公司要做一項提案，負責人是同事Y。Y做事總是粗心大意，近期，上司想考驗一下Y的態度和能力，作為「去留」的考量。接下這個項目後，Y感到了前所未有的壓力，但並沒有表現出強大的行動力。

見Y愁眉苦臉、唉聲嘆氣的樣子，Ceci內心的「老好人」瞬間被喚醒，她心想：「再懶散下去就失業了，要幫幫他！」接着，她就主動把自己對這個提案的一些想法發給了Y，讓他作為參考，還強調「有需要幫忙的地方，隨時跟我說」。

最後，Y順利通過了考核，當然裏面有一半的功勞是Ceci的。她本以為，經過這件事，Y的工作態度會有改觀。沒想到，僅僅過了半個月，小組合作一個項目時，竟然有人把估價單搞錯了！上司追責，Ceci詢問了一圈，發現是Y的錯，可他卻請病假躲了。為了平息上司的怒氣，盡快解決問題，Ceci重新做了一份估價單，活活背下了這個黑鍋。

很明顯，同事Y的工作態度存在問題，做事不認真，缺少責任感。可是，過度共情的Ceci卻認為Y的粗心大意是事出有因，為了不讓Y遭到解僱，她主動站出來幫Y去處理提案的事宜，而這根本就不是她的事，對方也並未開口向她求助。

當別人陷入困境，遭遇情緒困擾，或是在生活中掙扎時，討好型人格者總想幫助他們過得更好，認為自己需要對這一切負責。這種過度的責任感，混淆了關係中的邊界，讓他們分不清楚哪些責任是自己的，哪些責任是別人的，經常把自己搞得疲憊不堪。

「不想幫忙代購了，可是怎麼說呢？」

討好的跡象 ⑦

沒有底線和原則，利益受損也不敢維護

沒有清晰的心理邊界，致使討好型人格者總是渴望借助自己的付出贏得他人的好感，很容易在人際交往中喪失原則。有些時候，即使別人做出了一些觸碰底線的行為，讓他們的自身權益受損，他們也不敢出聲維護和反抗，生怕惹得別人不高興。

H說，她現在越來越討厭看到「閨蜜群」裏的消息，幾度想要退群，可終究還是抹不開面子。群裏的幾位閨蜜都是大學時代的同學，以前經常聚會，分享一些日常。

兩年前，H去了美國，她的煩惱正是從那時候開始的，具體事件和代購有關。說起這件事，她認為根源在於自己——太熱情、太好心、太好說話，因為是她先提議的代購之事，也順利幫閨蜜們買了兩次東西。從那以後，閨蜜們隔三差五就讓她幫忙代購。

買東西這件事情本身就不輕鬆，可閨蜜們從來都是只給H物品的價錢，沒有人提過代購費用，似乎沒有人在意H為此付出的時間成本、用車成本，就只是說一句口頭上的「謝謝啦，你真好！」更讓H憋屈和氣憤的是，有時候閨蜜們還會「欠款」，東西都用了好久，錢卻沒有給H，不知道是真忘了，還是故意拖着。

H想過回絕閨蜜的代購請求，可是礙於彼此之間的關係太熟了，她不好意思開口。另外，閨蜜群有四五個人，如果她退群的話，又擔心閨蜜會在私下裏議論她，從此沒朋友可做。

H的處境，讓我聯想到了英劇《唐頓莊園》裏的那個廚房女僕，沒有任何的地位和尊嚴，人人都可以支使她。她總是選擇隱忍和退讓，一次次地吞下苦澀和委屈。

其實，事情本身並沒有多麼複雜，只要在群裏說一句：「我現在的工作比較忙，沒有時間和精力幫大家選購物品，所以今後不能再幫大家代購了，望理解」，也就不用煩惱了。可是，對於討好型人格的H來說，說這樣的話太難了。不敢開口，看似是害怕破壞與閨蜜之間的關係，實則是害怕破壞她在閨蜜那裏的「好人」形象，哪怕「欠款」之事已經侵犯了她的個人利益，她也沒有制止和拒絕，而是礙於面子選擇了默許。

你應該也聽過這句話：「未經你的允許，沒有人能夠傷害你。」討好型人格者總是在關係中被輕視、被傷害、被辜負，有很大一部分原因是他們缺少底線和原則，利益受損也不敢維護和反抗，沉浸在「犧牲自己的利益成全他人」的道德式自我感動中。

雖說「人生在世，難得糊塗」，做人做事沒有必要斤斤計較，可是這並不意味，可以習慣性地放任自己吃虧，沒有底線地損傷自己的利益，為了不得罪他人被迫隱忍，僅僅維繫着表面上的和氣，犧牲自己的利益去取悅別人。

討好不是錯，也不是罪過，如果可以有尊嚴地活着，如果可以遵從內心做自己，誰也不願意以卑微的方式活着。沒有無緣無故的討好，誰也不是天生的討好者，是無法選擇的環境和經歷造就了討好型人格者。如果你總是忍不住取悅別人，你需要看見隱藏在討好背後的那些創傷，看見自己的迫不得已，那樣你才會真正懂得自己的不易，才會放下內心對討好型人格的羞愧與自責。

第二章

總是忍不住取悅別人，你到底在想甚麼

討好背後的心理困境

別人沉默幾秒，你怎麼就慌了？

心理困境 1

「別人不高興是因為我」

討好型人格者就像是長着一對超靈敏的觸角，對他人的情緒和感受非常敏感，哪怕不悅的神情只在他人臉上停留了 1 秒，他們也能敏銳地捕捉到，並在內心掀起波瀾。緊接着，他們可能會做出一些取悅和討好的行為，試圖看到愉悅的神情重新回到對方的臉上。

對於討好型人格者的這種敏感和討好行為，有些人覺得難以理解：每個人都會遇到或想起煩心的事，每天都會體驗到不同的情緒，這不是很正常嗎？為甚麼別人不高興，我要去取悅他、討好他呢？和我有甚麼關係呢？問題的癥結，恰恰就在這裏。

討好型人格者的內心有一個不合理的假設：他人的情緒變化與我息息相關，對方不高興肯定是因為我做得不好。他們非常害怕別人對自己有負面的評價，為了維持一貫的好印象，他們時刻都保持着警惕，關注他人的情緒感受。

Ken 特別善於覺察別人的情緒，他說自己從小到大一直是這樣的，不管是家人、親戚、朋友，還是上司、同事，只要他們情緒有一點點異常，他都能夠敏銳地捕捉到，而周圍人卻沒有他這麼敏感。

在公司的時候，偶爾他會詢問同事：「你有沒有發現，上司今天的臉色不太好？剛才開會的時候，他還走神了幾秒鐘，好像有甚麼心事。」同事一臉詫異地搖頭，說：「是嗎？我怎麼沒有發現？你想多了吧！」

正如同事所說，Ken 確實想得比其他人多，他不僅能夠感受到他人的情緒變化，還會深受他人情緒的影響，特別是在社交場合，向他人詢問某些事宜時，哪怕對方只是遲疑了一瞬間，他也會敏銳地覺察到，並在腦海裏對他人的遲疑進行各種解讀——他會不會覺得我很囉唆？他是在想怎麼拒絕我嗎？

別人的情緒變化，在 Ken 的眼中像是被放大了 10~20 倍，他似乎能夠感受到某種「磁場」，尤其是對生氣、憤怒、失望這類負面情緒，捕捉速度更是迅速。哪怕對方表面上看起來毫無波瀾，嘴上說着「沒事」，但 Ken 依然可以感受到平靜之下的波濤洶湧。

由於對他人的情緒太過敏感，且總是忍不住過度解讀和琢磨，Ken 感覺很不舒服。所以，他總是試圖讓周圍的人都保持愉悅的狀態，一旦對方稍有不悅，他就會不自覺地取悅對方，以便安撫對方的負面情緒。別人都説Ken善解人意，其實他自己也説不清楚，這麼做到底是出於對他人的關心，還是為了消除他人的情緒變化帶給自己的影響。

有時候，Ken也希望自己可以鈍感一點，無奈的是，他關不上自己異常敏感的「雷達」。

為甚麼討好型人格者對他人的情緒變化如此敏感呢？

美國心理學博士伊萊恩·阿倫是最早對高敏感人群進行研究的心理學家之一。她指出：人群中約有20%的人有着異常敏感的神經系統，在同樣的情形和刺激下，他們能夠感受到被他人忽略掉的微妙事物，自然而然地處於一種被激發的狀態；在面對他人的情緒變化時，也會表現出更強烈的生理反應。

如果把大腦中的過濾器比作篩子的話，多數人的篩網是比較精細的，有很強的過濾能力，可以把許多信息擋在外面，避免受其干擾和影響。相比之下，高度敏感者大腦的篩網比較稀疏，多數人難以覺察的那些信息通通都會湧入他們的大腦，迫使他們對其進行加工處理，他們因此表現出與常人不太一樣的強烈反應。

討好型人格者對他人情緒過度敏感的特質，雖有生理機制的影響，但先天因素也只是一部分原因，更多的是在後天成長過程中形成的。

因素1：長期生活在危險的環境中，把情緒變化視為危險的信號

Ken 自幼跟隨父親一起生活，父親的情緒很不穩定，動不動就發脾氣，有時還會對 Ken 動手。生活在這樣的家庭環境中，Ken 如履薄冰，處在一種持續驚恐、焦慮和恐懼的狀態，他不知道接下來會發生甚麼，只能小心翼翼，避免給自己帶來痛苦。

上小學的時候，Ken 就可以從父親的眼神或語氣中解讀出他的心情。他會盡量做到聽話、保持安靜，甚至走路都是輕手輕腳的，生怕吵到睡着的父親。這樣的成長經歷，讓 Ken 被迫學會了對他人的情緒保持高度的敏感。

在討好型人格者看來，他人的情緒變化是一個危險的信號。他們必須第一時間覺察到他人情緒上的細微變化，迅速作好應對的準備，這樣才能最大限度地保護自己。

所以，一看到別人出現不悅的神情，他們就會本能地感到焦灼和不安，為了重新收穫安全感——看到別人平靜或開心，就會下意識地做出取悅行為。

因素 2：長期生活在批評的環境中，把情緒變化視為對自己的批判

Susan 的父母都是中學教師，對她的要求極高，説是苛刻也不為過。考試得了 100 分，似乎都是應該的，要是得了 98 分，會拼命追問那 2 分是怎麼失的。哪一道題目錯了，就要做上 10 道同類題來練習。總之，表現好了沒有誇獎，表現不好一定有懲罰。

對於父母的言辭批評，Susan 尚且可以忍受，最讓她感到虐心的是，母親的沉默。當她沒有達到母親的要求時，母親有時並不會指責她，而是一句話都不跟她說，只顧自己嘆氣。那一聲聲嘆息，雖沒有任何言語流露，但 Susan 聽到的是母親對自己的失望。

長大後的 Susan，特別害怕面對他人的沉默，哪怕別人是在思考問題或是走神了，她也會覺得那是對自己的批判，是在指責自己不夠好。

臨床心理學家研究指出，以批評為主的教養方式會對孩子造成深遠的影響，它會將孩子的大腦訓練成一種「過度強調過失」的模式。孩子會把父母的苛責內化，認為那是對自己的客觀評價，自己就是那麼糟糕、那麼差勁。長大之後，他們會對別人的情緒變化格外敏感，並將他人的情緒視為對自己的批判，為了讓他人喜歡自己、對自己滿意，他們就會用討好的方式去平復他人的情緒。

長期生活在危險性和批評性的環境中，很容易形成討好型人格。為了避免自己受到傷害，或是避免受到負面的評價，他們只能「先入為主」，假定對方的負面情緒一定和自己有關，在未受到傷害和未受批評之前，率先做出討好的舉動，以避免那些他們不想看到的情景，即使那些情景出現的可能性為零，他們也要做好萬全的準備。

為甚麼她總是做鬼臉逗人笑？

心理困境 ❷

「我必須做點甚麼才能被愛」

討好型人格者在與他人的關係中，總是自動將自己放在取悅別人的位置上。

「生而為人，我很抱歉」，看過電影《令人討厭的松子的一生》的朋友，一定對這句話印象深刻。童年時代的松子，漂亮單純和其他女孩子一樣，有過白雪公主和白天鵝的夢想。但童年期的美好願望和強烈需求，卻被那個體弱多病、久臥床榻的妹妹久美「奪走」了，特別是父親的愛。所以，松子的內心一直怨恨着久美，似乎有個聲音在說：「如果沒有你，父親就會喜歡我；就是有了你，讓我成了多餘的。」

松子不知道怎麼做，才能讓父親像對待久美一樣對待自己。她很努力地讀書，一切選擇都按照父親的意願來做。有一次，她無意中做了個鬼臉，惹得父親發笑，她覺得好有成就感，那個鬼臉後來竟成了她的招牌表情。每次緊張得不知所措時，她都會不自覺地做鬼臉，好像別人看到她那個樣子，就會喜歡她、包容她。

松子用做鬼臉取悅父親，獲得父親的關注和疼愛，這種行為模式一直延續到她成年。她交往了幾個男朋友：落魄的作家、有婦之夫、街頭混混，在每一段親密關係中，她都試圖用取悅的方式維繫與對方的關係。她把討好別人當成了獲得幸福和愛的唯一途徑，結果就在「渴望被愛→取悅→被傷害→繼續取悅」的模式中度過了她的一生。

關於討好型人格的成因，心理學家歸納了不同的可能，其中原生家庭的影響最為深刻。如果個體在早年時期沒有被給予足夠的自主選擇權，或者養育者沒有給予無條件的愛，他們就會認為：只有自己做一點特別的事情，才能得到父母的疼愛。於是，他們就下意識地去做符合父母期待的行為。成年之後，他們會將這種思維延伸，難以相信別人會無條件地愛自己，總是需要不斷從外界獲得反饋，才能確認自己是值得被愛的。

安全感的根基，通常都來自早年的養育者的支持與關愛，這是一個人內在力量的發源地。如果早期沒有在情感上得到很好的回應，就很容易在日後的心智旅程中走一些彎路。討好型人格者總是在關係中取悅他人，恰恰是被「不被愛、無價值感」的內在信念困住了，害怕自己被討厭、被拋棄，為了維繫「被認可、被接受、被喜歡」的形象，不敢表現出任何的攻擊性與傷害性，只會一味地遷就和取悅，連最起碼的尊嚴都失去了。

因為覺得「我不值得被愛」，所以更渴望獲得他人的嘉許，如果收到的是負面的評價，就會被沮喪和失落包裹，強化自己「一文不值」的信念。為了消除這種不適感，討好型人格者就選擇用取悅的方式去兌換正面的評價。然而，這就像是一個惡性循環 —— 永遠不能讓所有人都滿意，只能持續不斷地去討好，哪怕已經身心俱疲、傷痕纍纍。

你那麼不情願，為何不肯拒絕呢？

心理困境 ③

「我害怕讓人失望」

「不」，簡單乾脆的一個字，卻是討好型人格者的致命軟肋。

芊芊性格溫和，善解人意，經常被周圍人稱讚是「好女仔」。可是，這個好女仔活得一點也不開心，「真實的她」和「現實的她」經常發生爭執與撕扯。

真實的芊芊：「為甚麼要答應同學去參加聚會？週末在家睡覺不好嗎？」

現實的芊芊：「同學難得邀約一次，不去的話，似乎不太好。」

真實的芊芊：「難得有個清閒的週末，可以在家裏讀兩本書，又泡湯了！」

現實的芊芊：「我説不去的話，她們會不會生氣？會不會傷害我們之間的關係？」

芊芊不好意思拒絕同學的邀約，她擔心會讓對方失望，會有損彼此之間的關係。最後，為了確保同學不受傷害，她選擇了委曲求全，把煎熬留給自己。

試想一下：假設芊芊拒絕了同學的邀約，結果會不會像她想的那麼嚴重？其實，那種糟糕的結果 90% 來自芊芊內心的投射。別人在發出邀請的時候，早就已經想到了，會有人來，也會有人不來。

為甚麼討好型人格者總是遷就他人，內心再怎麼不情願，也不敢拒絕呢？到底是甚麼困住了他們，讓他們難以開口說「不」？

一篇刷爆網絡的心理漫畫，叫作《為甚麼你不敢拒絕別人？》。這篇漫畫適用於所有出於怕對方難過、失望而不敢拒絕的討好型人格者。

討好型人格者很害怕拒絕會讓他人生氣，會破壞彼此之間的關係。其實，這種擔憂大可不必。真正信任和尊重你的人，不會因合理的拒絕而惱火；明知你不願意，非讓你勉為其難的人，看重的也只是你的利用價值，不值得交心。

退一步說，就算你的拒絕是合理的，對方也難免會生氣，但這不是你的錯。面對這樣的情形，不必有太多的內疚。有些人難過，是因為這種拒絕的情境勾起了他過往的創傷，而那不是你造成的；有些人難過，是因為他們本身缺乏同理心，無法設身處地為你着想。

沒有誰是不知疲倦的木頭人，對於那些不合理的、無能為力的請求，記得多聽聽真實自我的心聲，尊重內心的情緒和感受。盲目地接受他人的要求，不顧自身的情況，就如同自我的世界被他人的意志佔滿，讓身心持續處在緊張和疲勞的狀態下，既得不到協助，又無法完全擺脫，只能拼命壓榨自己的時間和精力，激發更多的能量來兌現承諾。

不敢為自己爭取，也不敢反抗他人？

心理困境 4

「我不配……」

契訶夫的短篇小說《柔弱的人》，把討好型人格者的卑微與軟弱描述得淋漓盡致。

為了兼顧工作和孩子的教育，傑克先生給孩子們請了一位名叫尤麗婭的家庭教師。她是一位入世不深的年輕女子，性格溫和，很好說話。讓傑克感到意外和疑惑的是，尤麗婭工作了 2 個月的時間，竟然沒有向他要薪水，這讓傑克感覺很「不正常」。

那天，傑克主動把尤麗婭請來，對局促不安的她說：「我們來算算工錢吧！你可能需要用錢，但你太拘泥禮節，不肯開口。你已經工作 2 個月了，上個月的薪水我都沒有給你。我們和你談過，每個月 30 盧布……」

「40 盧布……」尤麗婭輕聲地說。傑克搖搖頭，打斷尤麗婭的辯解：「不，是 30 盧布，我有記錄的。

我向來都是按照這個價格來給家庭教師付錢，你待了整整2個月。」

「2個月零5天⋯⋯」尤麗婭小聲地辯解。傑克再次打斷她的話：「就是2個月，我這裏有記錄。按理說，我應該支付你60盧布，扣除9個星期天的工資，星期天你不用給孩子們上課，只是陪他們玩。另外，還要減去3個節日的工資⋯⋯」

尤麗婭的臉漲得通紅，但仍舊一言不發。傑克繼續說：「3個節日的工資一併扣除，應該扣12盧布。孩子有4天病假，你牙痛3天，夫人准許你午飯後歇息，扣除這些費用之後，應該是40盧布，沒錯吧？」

此時，尤麗婭的眼睛已經紅了，並輕聲地咳嗽起來，但她還是甚麼也沒說。

傑克見她沒有異議，再次開口說道：「你打碎了一個帶底碟的配套茶杯，扣除2盧布。因為你的粗心大意，孩子爬樹劃破了衣服，扣除10盧布。女僕盜走皮鞋一雙，也是你玩忽職守導致的，再扣除5盧布。9號那天，你支取了9盧布⋯⋯」

尤麗婭吞吞吐吐道：「我沒有支取過。」傑克指着賬本，說：「這裏有記錄的，40再減26得14。」尤麗婭的眼淚已經止不住了，她用顫抖的聲音說：「我只從夫人那裏支取了3盧布，此外，就再沒有支取過。」

傑克看了看賬本，說：「是嗎？這麼說，是我漏記了？從14盧布裏再扣除3盧布，那就是11盧布。這是你的薪水，拿好了！」尤麗婭接過錢，小聲地說：「謝謝。」

這時，傑克忽然站起來，開始快速來回行走起來。他急促地問：「為甚麼要說謝謝？分明是我洗劫了你，是我偷了你的錢！你為甚麼要謝我？你不應該憤怒嗎？」

尤麗婭說：「在其他地方，一文錢都不給。」傑克嘆了一口氣，說：「難怪，你的經歷太殘酷了。剛才我是在跟你開玩笑，80盧布我早就給你裝在信封裏了。我只是不知道，你為甚麼不抗議？為甚麼沉默不語？為甚麼這樣軟弱？」

藝術源自生活，只是現實中討好型人格者的經歷沒有如此誇張罷了。家庭教師尤麗婭沒有做錯任何事情，可是她連自己應得的報酬都不敢爭取，還任由僱主隨意剋扣自己的工資，一句反抗的話也不敢說。從始至終，她都沒有把自己和僱主放在平等的位置上，甚至認為是僱主施捨了自己一份工作，能主動給自己發工資已經是莫大的恩惠了。她完全沒有意識到這是自己辛苦勞作換來的報酬，它本就是自己該拿的錢！

尤麗婭是討好型人格者的縮影，他們的內心深處大都有一個自卑、軟弱的小孩，潛意識裏有強烈的「不配得感」：總覺得自己低人一等，不值得被重視，不配提出自己的需求，從來都不敢為自己爭取甚麼；即使是在受到他人的侵犯、刁難或欺負時，也不敢反抗，總覺得一定是自己做得不好，才會被人這樣對待，只有順從和迎合，才能讓他人對自己改觀。

心理學上的配得感，是指一個人對自己的價值和能力有清晰的認知與自信，相信自己配得上更好的物質、認可、關懷與愛，即「我值得擁有」。

來訪者小雨，讀小學的時候遭受過校園欺淩，班裏有兩個孩子總是向他要零用錢，還動不動就製造點事端，故意讓他出糗。小雨試圖向父母求助，沒想到，父親卻反過來質問他：「為甚麼他們總是糾纏着你？你有沒有想過這個問題？你要在自己身上找找原因。」

一個在外面受了欺負的孩子，本能地向父母尋求保護，渴望被支持、被關愛，渴望他們能體會到自己的委屈。然而，父母非但沒有接住小雨的情緒，還把他的所有感受都強壓下去了，讓他反思自己的「錯誤」。當這種自我歸因被反復強化，小雨的內心就會認為：如果別人對我不友好，那可能是我做得不好，「我不配」被人善待！

自我歸因是一種適應性功能，即通過把問題歸咎於自己，貶低和傷害自己，從而為完全隨機的事件注入意義，讓這個事情重新變得可控。

「我不配」是一個負面的自我信念，它會影響個體的自尊水平與配得感。有時候，為了維持內在的這一自我信念，人們可能會排斥掉很多好的東西，哪怕這個自我信念是不真實的。

> 努力學習得到了老師的關注，內心就開始惶恐，認為自己不可能成為「尖子生」；減肥剛剛有成效，馬上就要變瘦，忽然覺得自己不可能擁有「女神身材」；接到了大公司的入職邀請，卻找個理由推掉了，不敢相信自己可以成為其中的一員；不敢接受條件優越的異性，總覺得自己配不上對方，只能將就着選一個條件不如自己的人。
>
> 結果不難想像：學習，總是不能突破現有的成績；減肥，總是反反覆覆；工作，總是在小公司當普通職員；戀愛，總是在消耗性的關係裏掙扎。更可怕的是，這樣的情形又進一步鞏固了自我信念——「看，我就是配不上……」

這就是一場自證預言！如果討好型人格者無法走出「我不配」的心理困境，這種糟糕的循環會一直持續下去。那麼，怎樣才能打破這個惡性循環呢？

從現在開始，不斷地提醒自己：「過去發生的那些事情，不是因為我不好；過去沒有被認真對待，不是因為我不配。」你需要樹立一個新的信念：「那些糟糕的經歷，不是我的錯，不能說明我是一個怎樣的人。」改變，往往就發生在「理解」的那一刻。

為甚麼總想為別人的情緒負責？

心理困境 5

「我有責任照顧別人的感受」

每個人對「家」的感受都是不一樣的，在曉薇的記憶中，「家」是和痛苦、艱難、壓抑聯結在一起的。

上中學的時候，曉薇的父親公司倒閉了，家裏的經濟狀況隨之變得很拮据。父親沒甚麼學歷，也沒有特別的手藝，很長時間都沒有找到新的工作。內心苦悶的他，開始借酒澆愁，逐漸染上了酗酒的毛病。自那以後，父親的情緒變得很不穩定，動不動就發脾氣，家裏的氛圍總是很緊張，曉薇置身其中常常覺得透不過氣來。

15 歲的曉薇，目睹着家裏發生的一切，卻要裝作甚麼都不知道的樣子。她心想：「是不是我努力學習，每次都考第一，父親就會高興？他高興了，家裏的問題就能解決了？唉，可惜我的成績一直都不理想，我太沒用了……」

曉薇沒有意識到，當她有了這些想法時，她已經在歸罪自責了。她想對父親的失業負責，想對家裏拮据的經濟狀況負責，想對緊張的家庭氛圍負責。正是從那時候起，她的負罪感和低價值感開始形成，這使得她在日後的生活中，總是無意識地陷入對別人的事情負責的想法。

現在的曉薇已經工作五六年了，她對工作特別負責，處理重要的任務時，她經常加班加點，生怕出現任何紕漏。雖然老闆肯定她的付出，看重她的人品，可她總是被焦慮和壓力纏擾着，哪怕只是一點小失誤，她也會在自責與痛苦的旋渦中掙扎很久。

責任感，向來被視為一種高尚的品質，它代表着恪守承諾、嚴謹自律。然而，責任感過強並不是一件好事，它會給個體帶來沉重的心理負擔。這種現象在心理學上被稱為「過度責任感」。在討好型人格者身上，經常會看到過度責任感的問題：

表現 1： 當周圍的人難過時，自己也感到難過。

表現 2： 當自己設定一個限制或提出一個偏好時，認為自己需要對別人的反應負責。

表現 3： 傾向於優先考慮別人的需要，而不是自己的需要。

表現 4： 經常覺得伴侶或孩子的行為，是對自己個人好壞的反應。

表現 5： 當關心的人身處痛苦時，有強烈幫助對方解決問題的衝動。

表現 6： 認為不能阻止傷害的發生與故意傷害是一樣的。

表現 7： 工作比其他人更努力。

表現 8： 總是替他人擔心，為他人着想。

表現 9： 明明不是自己的錯，卻為此感到自責。

討好型人格者過分關注他人的需求和期待，害怕失敗，更害怕讓人失望。所以，他們不允許自己犯錯，無論工作還是生活，總是過度付出、過度努力，經常忽視自己的需求和感受，陷入「討好」的行為模式中。

過度責任是一把沉重的枷鎖，讓人時刻不得放鬆；過度責任像一把懸着的劍，不知道哪一刻會掉下來，讓人惶恐不安。另外，過度責任很容易給人帶來羞恥感，一旦無法扛起責任，就會感覺自己軟弱無能，切斷與內在力量的聯結。在這樣的狀態之下，就很容易被自戀型人格者利用，比如：自戀型的男友説自己很難過、很失望，討好型人格的女友就會覺得，一定是我做得不好……她對自我的評價會越來越低，最後就被對方實施了精神操控。

別人並未求助，你為何要主動幫忙？

心理困境 6

「我坐視不理等於傷害他人」

心理學家霍夫曼認為：「正常的內疚，是指一個人傷害了他人，或是違反了道德準則，從而產生良心上的反省，並且對行為負有責任的一種負性體驗。」

世間不存在完人或聖人，沒有誰能保證自己的言行舉止完全符合自己訂立的標準，哪怕是非常優秀的人，也難免會有意無意地做出冒犯或傷害他人的行為。所以，內疚的感受對我們而言並不陌生，甚至是很熟悉的一種體驗。相關研究的統計數據顯示：人們每天大約有 2 小時會感覺輕微的內疚，每月大約有 3.5 小時會感覺嚴重內疚。

適當的內疚是健康的，是我們獲取責任感的重要方式，提醒我們做一個善良的、對他人有益的人。這種情緒體驗猶如一個警報器，倘若我們已經做了或即將做出一些違反個人標準，或會對他人造成傷害的事情，可以及時地對自己的行為進行評估和調整，盡力彌補。

然而，不是所有的內疚都是必要的，也不是所有的內疚都是健康的。

日劇《無法成為野獸的我們》中，30 歲的職業女性深海晶，每天早上被老闆的連環短信叫醒，一個人做全小組的事，卻連一句感謝和笑臉都換不來；同事完不成的任務，她主動幫忙；同事甩下的鍋，她咬牙接盤；新人得罪了客戶，她跑去收拾爛攤子，甚至被迫給客戶「下跪」，回來卻遭新人嘲諷：「要我給那種大叔下跪，我可受不了」；被前公司邀約參加聯誼會，她頗受歡迎，因為她像服務生一樣忙前忙後地照顧着所有人。

看到深海晶的這些行為時，不少觀眾都吐槽，簡直是又氣又恨：氣她的軟弱、討好、妥協、退讓、無底線；恨她自討苦吃、自取其辱、自作自受！

其實，有很多事情她是完全不用去做的，與她也沒有任何關係，同事做錯了事、惹怒了客戶，他理應為此負責，哪怕最後被公司開除，那也是他應當承受的代價。然而，深海晶卻把這些爛攤子全接手了。當客戶提出讓她下跪的要求時，她竟然也照做了。沒有人讓深海晶活得這麼窩囊，那些原本就不是她負責的工作，為甚麼她要大包大攬全堆到自己身上呢？

按照正常的邏輯來看，深海晶的做法確實有些荒謬，可是作為一個討好型人格者，她的做法也是「合情合理」的，只不過符合的是她自己的那一套邏輯：「一旦別人因為沒有得到我的幫助而遭受懲罰，我就會內疚，都怪我害了他們！」

由他人行為導致的，本來不需要（也不應該）產生的、不適當的內疚，在心理學上叫作「被動內疚」，這是一種不健康的內疚。

討好型人格者很關注別人的感受，當別人遇到了麻煩事或陷入困境之際，他們會感同身受。此時，如果「拒絕幫助他人」——不主動伸出援手，他們會認為自己「傷害」了對方，從而引發強烈的「內疚」。為了獲得心理安慰，降低這種內疚感，老好人就會努力做出一些原本不需要去做的補償行為，如：給對方買一杯咖啡，幫對方處理「爛攤子」等。

是甚麼激發了討好型人格者心中的被動內疚呢？[1]

因素 1：長期生活在充滿暴力、衝突和爭執的環境中

美國精神科醫師彼得·佈雷根曾在 2015 年提出過一個觀點：「內疚」是促進社會合作的機制。他認為，在充滿暴力和爭執的家庭中長大的人，很容易被激起被動內疚。他們通過內疚讓自己退讓，顯得不那麼有攻擊性，從而換取家庭關係的和睦。

1.《別輕易跟人道歉，也別把“對不起”掛在嘴邊》，酒鬼，2018 年 11 月 21 日。

因素 2：長期生活在要求嚴苛、高道德標準的環境中

相關研究顯示，人們不僅會因為傷害他人而內疚，那些「想做卻沒有做的事」也會讓人感到內疚。如果一個人生活在家教森嚴、高道德標準的環境中，他對自我的要求也會十分嚴苛，動不動就覺得自己「做錯了」，很容易產生被動內疚。

討好型人格者常常覺得自己做得不好，或是為其他人做得不夠多，從而產生被動內疚。其實，這並不是事實和真相，而是你太在意別人的感受，且總是過分關注和自己有關的那些負面事件，對自己產生了認知偏差。

回想一下，你會覺得同事、朋友為你付出得不夠多嗎？如果你沒有這樣的想法，為甚麼你會覺得自己為他人做得不夠多呢？最大的可能性就是，這種思維模式已經成了你的習慣，讓你在遇到類似情境時，不自覺地就這樣認為，並做出討好的舉動。

下一次，當你想要對他人做出「補償行為」之前，不妨給自己 10 秒鐘的時間，捫心自問一下：「真的有必要這麼做嗎？我是真的做錯了，還是被動內疚促使我去討好對方？」當你意識到了被動內疚的存在，你就已經阻斷了原來的「自動模式」，這是一個很好的練習，它會讓你慢慢建立全新的認知——「既然是別人的問題，我有甚麼理由要內疚呢！」

為甚麼表達需求讓你感到羞恥？

心理困境 7

「我是不值得被滿足的」

在含蓄內斂的文化底色之下，直白地表達愛意不是一件容易的事，可是對有些人來說，比「我愛你」更難以啟齒的是「我需要」。

艾琳和男友交往一年了，在這段親密關係中，她始終覺得自己在對方面前不夠真實和自然，因為她不敢開口向男友提要求。無論是渴望對方送自己一束花，還是想讓對方送自己上班，或是想共同品嘗一家熱門餐廳，她都不敢說出來，怕對方會拒絕自己，會討厭自己。

Lee 的困惑和艾琳差不多，也是不敢表達自己的需要，只不過他暫時單身，這種情況更多地體現在工作關係中。在同事眼裏，Lee 熱情、友善，工作能力也很強，其實 Lee 過得並不舒服。他一直在超負荷工作，面對工作拖拉、效率低下的組員，他總是忍氣吞聲，默默地替對方分擔；他比其他人做事都盡心，卻不敢向老闆提出加薪的要求。話雖然沒有說出來，可是感受是真實存在的，他經常因為這些事情感到心煩，給自己造成了嚴重的精神內耗。

無論是艾琳還是 Lee，在與他人的關係中都表現出了討好型人格的特質，他們渴望維持「好人」的形象，不敢向他人表達自己的真實需求，哪怕這種要求是合理的、正當的，或是很小的一件事，他們仍覺得難以啟齒。

為甚麼討好型人格者不敢向他人提要求呢？究竟是甚麼困住了他們？心理學家認為，致使個體難以表達需求的原因是複雜的，主要體現在兩個方面：

認知偏差：認為表達需求是「不好」的

如果一個人在成長過程中，總是被灌輸這樣的理念——「要堅強、要獨立、要靠自己、要贏過他人」，他就會建立較為局限的認知，將表達需要視為軟弱、無能的表現，即使遇到了麻煩，也會想着自己解決，不好意思向他人開口。

還有一些人受養育模式的影響，不斷體驗並強化這樣一種情感：表達需求是不好的，是不招人喜歡的，會被最重要的人（養育者）討厭和拋棄。成年之後，他們在其他的人際關係中也延續了這一思維模式，因害怕被嫌惡而不敢提要求。

習得性無助：有過多次需求被忽視的經歷

心理學上有一個現象叫作「習得性無助」，是指一個人經歷了失敗和挫折後，面對問題時產生的無能為力的心理狀態和行為。如果一個人有過多次提出需求而被忽視的經歷，他會認為表達自己的需求是沒有意義的，不可能得到滿足，進而會產生無能為力的心理狀態，不再表達自己的需求。

在成長過程中，孩子最初都是可以主動地表達需求的，且不會為此感到羞恥。可是，當這份需求說出來之後，如果面對的是一次次的拒絕、否定或指責，他就會逐漸內化出一個經驗：「對別人來說，我的需求是不重要的，表達需求會招人討厭，會被人拒絕。」

> 來訪者琪琪跟我講述，她小的時候家裏經濟條件不好，每次學校讓交書簿費，母親都會抱怨：「整天要錢……」雖然她不是要錢用來滿足自己的私慾，可是母親的態度卻讓她感覺，自己就是一個「累贅」，自己提出的「需求」給母親帶來了麻煩。所以，她不敢輕易地向別人提要求，甚至不敢花錢滿足自己的需求，每次買東西都要先看價格，稍微貴一點的都不捨得買，潛意識裏總覺得「不應該」——「我怎麼能買這麼貴的東西呢？」

沒有人生來就是討好型人格，每一個討好他人、壓抑自我需求的人，都曾有過未被善待的經歷。年少的琪琪在向母親提出需求時，得到的反饋是抱怨和憤怒，這樣的體驗給她留下了創傷，讓她對提出需求感到羞恥，並形成了一個錯誤的信念：提出需求會給別人帶來麻煩，會惹人厭惡，就是因為我不好，我才會經歷這樣的事，我是一個不配被滿足需求的人。

在過往的經驗裏，作為孩子的你，體驗到了不被滿足的挫折，它讓你漸漸忘記了自己的需求，認為自己不值得被滿足。現在，作為成年人的你，完全有能力走出這種心理困境，去滿足自己的需求。

你要樹立一個全新的認知：**我的需求是重要的，有需求不是一件可恥的事，我可以落落大方地提出自己的要求**。當你逐漸體驗到自己可以提要求，且自己的需求被他人看見並得到回應時，這種持續正向的體驗會緩解你對表達需求的恐懼，從而逐步替代原有的負向體驗。

在練習表達需求和提要求的過程中，你仍然可能會遭受拒絕，或是得不到想要的結果，但這並不意味着「提要求是錯的」，更不意味着「我不值得被滿足」，只不過是當下「這個人」無法在「這件事情」上滿足你的要求而已。你要接納結果的多種可能性，以多元的視角去看待自己與環境，同時也可以嘗試與對方討論自己的感受，促進溝通和相互理解。切記，表達「我需要」是為了靠近真實的自己，是對自己和他人的信任，更是建立真實關係的開始。

以討好的姿態示人，真的能獲得別人的「好」嗎？醒醒吧！過度隨和、過度付出、一味地遷就他人，創造不出和諧的人際關係，得到的只有他人的輕視。與人相處，不是自己或對方單方面的事，而是兩個人之間的事。你的不拒絕、不反駁，看似是為了照顧別人的感受，其實是一種對自我的不尊重。你用甚麼態度對待自己，決定了別人用甚麼態度對待你。

第三章

醒醒吧！「好人」只會愈當愈委屈

認清「討好不得好」的真相

忍一時風平浪靜，退一步海闊天空？

真相 1

忍讓沒有限度，別人就會肆無忌憚

在成長的過程中，父母總是提醒揚帆：「人生在世，要與人為善，懂得退讓。忍一時風平浪靜，退一步海闊天空。」這些話印刻在揚帆的心裏，她也順利長成了一個性格溫和、容易相處的人，極少與人發生矛盾。

不發脾氣不代表沒有脾氣，實際上，揚帆經常極力地壓制自己的脾氣，為的是呈現出一種平靜溫和的形象。這種感覺並不舒服，甚至有時讓她感到迷茫。遇到一些說話沒分寸的人，她內心特別憤怒，卻又不願給人留下「暴脾氣」和「沒教養」的印象，就只好強忍着，裝出一副從容的樣子，把所有的驚濤駭浪都壓在自己心底。

也許，揚帆的父母說那番話的本意是想強調，不能甚麼事情都斤斤計較，那樣活得太辛苦，也難以和他人融洽相處。遺憾的是，在傳遞這一理念的同時，他們並沒有告訴揚帆，隱忍和退讓的限度在哪裏，甚麼情況下需要退讓，甚麼情況下無須忍耐。少了這樣的解釋，楊帆只記得遇事要忍讓，總想着委曲求全，卻不知道善意和隱忍不能免去所有的麻煩，還可能讓自己陷入更艱難的處境。

楊絳先生有一句話：「你有不傷別人的教養，卻缺少一種不被別人傷害的氣場。若沒有人護你周全，就請你以後善良中帶點鋒芒，為自己保駕護航。」樹欲靜而風不止，你愈想息事寧人，不平靜的事愈會來招惹你；你愈想當一個隱忍的老好人，愈被人無止境地侵犯底線。

雞毛蒜皮的小事，的確沒有必要大動干戈，可是保留脾氣是應該的，不能甚麼事都往後退。你要讓對方看清楚你的態度，不能做砧板上的魚肉，任人宰割，毫無抗拒之力。不要總是用扭曲的好人思維麻醉自己，認為自己對別人好，別人就會對自己好；如果你的善良沒有鋒芒，那你遲早會遍體鱗傷。

> 有幸讀到一位哲人的肺腑之言，他試圖讓只會隱忍退讓的老好人們看清一個事實：「我多麼願意別人欣賞我的禮貌，我的大度，可實際上，他們只是享受我的禮貌，甚至姦污我的禮貌。有的人即便你無數次忍讓他，也不能停止他的攻擊與辱罵，他會越來越猖獗，到後來連我的家人都要連帶一起罵。如果我不打斷他，他是不會罷休的。」

現實不是一個理想的童話世界，並非所有人都像你一樣善良、溫和、懂分寸，總有一些人喜歡得寸進尺、變本加厲。沒有鋒芒的善意，在他們看來就是軟弱好欺；沒有底線的友好與隱忍，換來的就是肆無忌憚的壓榨和索取。

溫和友善是你的修養，但別磨掉自己的脾氣，不要用勉強和委屈來壓抑自己。該退步時寬容大度，該爭取時絕不妥協，這份態度的存在是為了提醒和警示他人 ——「我不是一個人人可捏的軟柿子，欺負我是要付出成本和代價的！」

善良是一種選擇，而不是一種責任；你可以選擇對誰友善，也可以選擇不再對誰友善。不要為了一雙不合適的鞋子委屈自己的腳，如果你很介意一件事，不妨直接告訴對方；如果你不願意做一件事，也不必勉強；如果對方的侮辱讓你憤怒，就勇敢地譴責和反抗。

作家余華說：「當我們兇狠地對待這個世界時，世界突然變得溫文爾雅了。」

你沒必要表現得多麼「兇狠」，只是別把自己規訓成一隻溫順乖巧的「兔子」。沒有任何的攻擊性，就意味着人人都可以欺負你；你要做一隻有刺、有爪、有牙，但又不會輕易傷人的「野獸」。有爪牙才會讓人敬畏，能自控才是修養。

吃了那麼多的虧，你的福氣來了嗎？

真相 ②

盲目吃虧，只會有吃不完的虧

古語有云：「吃虧是福。」這句話在生意場上有着不可小覷的價值，它涉及的是一個利人利己的觀念。吃虧不是目的，而是一種雙贏的策略。

經營人際關係與做生意有相通之處，都需要具備雙贏的思想，不能將其視為一種角鬥，只顧追逐自己的利益最大化，要讓雙方保持一個利益的平衡。如果總是錙銖必較，一點點虧都不肯吃，總想成為獲利的一方，這種平衡就會被打破，導致關係破裂。

古人說的「吃虧是福」，其實是一種利益交換。換句話說，只有在利益交換的前提下，「吃虧」才有可能演變成「福氣」。眼前吃一點小虧，可以換取更長遠、更豐厚的利益，至於這份福氣具體指代的是甚麼，每個人都有自己的理解。

在現實生活中，許多人並沒有真正領悟「吃虧與福氣」之間的關係，反而在自身利益平白無故遭受損害時，把這句話搬出來作為自我安慰。討好型人格者經常會犯這樣的毛病，他們放任自己吃虧，替別人踩坑、擋禍、背鍋……自以為這麼做可以帶來福氣，結果卻落得「啞巴吃黃連，有苦說不出」。

子君是某公司的程序員，可他的工作不只是編程，更像是「全能替補」。每次公司推出新項目，全體員工都要迎來一場硬仗，但總有些人做事習慣性拖延。在他們看來，即使自己做不完，也可以找子君來幫忙。當項目截止日期臨近時，他們會把目光投向子君，見他的工作進度快完成了，就開始對他說好話，求他幫忙。結果，哪裏需要子君，他就去填補空缺。

項目結束後，這些同事會在言語上對子君大加讚賞；要是結果或程序中出了問題，子君就會落得一通埋怨。面對繁重的附加工作，以及同事們不謝反怨的態度，子君雖然覺得委屈，卻也很會自我安慰：「反正都是公司的事情，多勞多得，累積經驗。」

有一次，子君在幫某位同事處理工作時，犯了一個重大的錯誤。原本，做完自己的分內事就已經很累了，在精力、體力不足的情況下執行高強度的任務，自然很容易出問題。同事巧妙地把責任推卸了，子君竟也默默接受了，被上司狠狠地處罰了一通。

這件事發生後不久，公司的資金出了問題，裁員不可避免。子君來公司只有一年的時間，算不上老員工，雖然工作上勤懇，也樂於助人，但他在本職工作上並沒有突出的表現。最終，公司沒有留下工作量最多的子君。

在辦公室收拾東西時，以往得到子君不少幫助的同事們，並沒有表現出不捨，他們仍舊忙着自己手裏的事，只是流於形式地說了一句：「你這麼年輕，不愁找不到好去處。」這樣的情景，讓子君既心酸，又心寒。他忍不住質問：「都說吃虧是福，我平時吃了那麼多的虧，為甚麼最後吃大虧的還是我？」

子君的遭遇着實有些可憐，但這份可憐的背後多少也有點「咎由自取」，不能全怪他人。工作拖拉的同事，總想把自己的事情丟給子君，子君完全可以不接受這些請求。同事之間的關係是平等的，大家都是芸芸眾生中的普通人，沒有那麼多時間和精力。盡心盡力做好自己的事是本分，在有條件的情況下助人一把是美德，不接受附加的分外事也是合乎情理的。大家都是各憑本事吃飯，談不上誰虧欠誰。退一步説，即使是給同事提供幫助，也當讓對方仔細進行檢查、核實，不要平白無故背上一份沉重的責任，最後落一個費力不討好。

無關緊要的小事上糊塗一點，不會有甚麼大損失，也能彰顯格局和氣度；生意場上主動讓出一部分利益，是一種雙贏策略，可以換取更長久的合作。如果不分輕重，甚麼虧都吃，**被人坑了默默忍受，買了假冒商品不求索賠，那不是胸襟寬廣，而是軟弱無能**。

3 為他付出那麼多，他為何要這樣待我？

真相 3

一味地遷就，換不來愛與尊重

見過諾諾的人，多半會用「溫柔」來形容她。她說話細聲細氣，也很善解人意。

讀大四的時候，比諾諾小一屆的男生W對她展開了熱烈的追求。W是一個藝術生，骨子裏充滿了浪漫的情懷，從未戀愛過的諾諾，被他的氣質和舉止打動了。

很快，諾諾大學畢業了，並找到了一份薪資待遇還不錯的工作。在和W的相處中，她主動承擔起了生活費和日常開支，還經常給W買各種衣物。最初，W很感謝諾諾的付出，聲稱畢業後一定努力找工作，和她一起奔赴未來。有了W的承諾，諾諾更加願意無條件地付出了，不僅在金錢上支持W，還在W學校附近租了一個單位，白天她去上班，給W留出一個獨處的空間，讓他安心創作。

W 漸漸習慣了諾諾對自己的付出，有甚麼想法也會跟諾諾說。有時，W 提出的需求會給諾諾帶來一些經濟壓力，但她不忍拒絕，都會盡量滿足他。W 畢業後，嘗試過去找工作，但因為生性不喜歡拘束，他還是決定做一名自由的插畫師。

諾諾每天朝九晚五地上班，W 在家創作。有時，W 也會跟朋友出去玩，但從來沒有帶上諾諾，周圍人也不知道他有女朋友。諾諾的父母知道她有男友，一直想見見 W，可 W 總是找藉口迴避。諾諾心裏很彆扭，但並未在 W 面前表現出任何不滿，每次都是默默接受了 W 的理由，雖然那些藉口她自己並不相信。

不久之後，留校任職的一位同學告訴諾諾，W 在學校裏認識了一個音樂系的女孩，兩個人經常見面，關係似乎不尋常。諾諾陷入了痛苦的掙扎中，內心湧動着複雜的情緒：一方面，她想向 W 要一個說法，卻不知道怎麼開口和 W 談論這件事，怕對方指責自己胡思亂想；另一方面，她又很憤怒，很不甘心，「為 W 付出那麼多，他為甚麼要這樣待自己？」

這樣的情景總是絡繹不絕地在生活中上演，情感關係中的「老好人」為朋友、為愛人傾盡全力地付出，結果卻並沒有換得對方的珍惜，他們也會發出像諾諾一樣的質問：

「我對他那麼好，為甚麼他還是離開了我？」

「我對朋友從來都是有求必應，為甚麼我遇難時，沒有一個人出來幫我？」

「我想不明白，為甚麼善良的人總是被人欺負。」

真的是人心涼薄，善良的人總被辜負嗎？

我們不能否認「老好人」在關係中的付出，但也有必要從另一個角度重新審視這個問題。在「老好人」的認知中，付出和遷就象徵着善良和愛。他們自認為，只要真誠待人，不吝奉獻，就一定能夠換得別人真心。所以，即使是犧牲自己的一些利益，也在所不惜。

這是一種嚴重的認知偏差。當一個人只知道付出和遷就他人時，就不可能再成為自己了，他的生活會被別人的期待和要求填滿。如果將這種善良給了那些只知道索取的人，換來的不是同等的善待與關愛，而是無情的踐踏與傷害。

在諾諾與男友 W 交往的過程中，她已經不知不覺把對方視為全部，甘願委屈自己去滿足對方的需求，完全不考慮自己的感受。這種姿態原本是一種討好，可隨着時間的推移，諾諾和 W 卻把它當成了習慣——諾諾過度付出，W 欣然接受。久而久之，W 不再對諾諾心存感激，甚至會覺得她很煩。

蔡康永説過一句話：「容忍會導致我們不被在意，不在意會使我們失去活着的滋味。」在任何一段關係中，如果總是習慣性地付出和遷就，總是無限制地容忍和犧牲，那麼就會失去自我，變得不被重視。一個沒有自我的人，談何吸引力呢？

女作家瑪格麗特·米切爾，生來就有一種反叛的氣質。成年後的她，因為一時衝動，嫁給了酒商厄普肖，可惜這段婚姻不久便以失敗告終。與其說是厄普肖冷酷無情、酗酒成性毀了這段婚姻，不如說是瑪格麗特的愛情觀的缺陷。她太迷戀厄普肖了，簡直就是一副仰天膜拜的姿態，如此卑微的愛，助長了厄普肖的狂放不羈，他對瑪格麗特越來越不在乎。

這場失敗的婚姻，讓瑪格麗特明白了平等與尊重在婚姻中的重要性。

瑪格麗特沒有消沉和頹廢，振作起來之後，她又遇到了記者約翰·馬什，並與之結婚。她打破了當時的慣例，在門牌上寫下了兩個人的名字。她說：「我要告訴所有人，裏面住着的是兩個主人，他們是完全平等的。」她堅決不從夫姓，讓守舊的亞特蘭大社交界大為驚訝。

約翰·馬什也提倡夫妻之間的平等，他一直支持和深愛瑪格麗特，在他的鼓勵和支持下，瑪格麗特開始從事她所喜歡的寫作。十年之後，《飄》正式出版，她一夜成名。

一段健康的關係，應當建立在平等與尊重的基礎上，不要因愛失去自我，也不要因恐懼而過度遷就對方。保持獨立的自我，學會適當地拒絕，遠比一味地討好更能讓對方明白該如何正確地對待你。

把委屈留給自己，就能相安無事嗎？

真相 4

壓抑的情緒會變成隱形攻擊

討好型人格者經常會陷入糾結的處境，比如：面對他人的誠懇邀請，明明很想拒絕，為了維護自身的形象，維持和和氣氣的氛圍，只得違心地把「不」字吞進肚子裏。他們自以為，委屈一下自己就能相安無事，卻沒有意識到，這些委屈最終會埋藏在心裏，醞釀成自我衝突。

趙小姐和同事小野關係很好，兩個人年齡差不多，興趣愛好也相仿，經常一起相約吃飯、逛街和遊玩。她們同在市場部工作，小野銷售業績突出，很受上司賞識，前段時間被提拔為銷售二組的負責人。為了慶祝晉升，小野準備邀請幾個朋友到家裏聚餐，其中也包括趙小姐。

看到小野晉升，趙小姐真心為她感到高興，也很想參加這個聚會。可是，當她得知聚會被安排在週五晚上時，趙小姐有點遲疑了。那天晚上，剛好有一場她特別喜歡的音樂劇，錯過這場的話，之後就不知道甚麼時候才有機會了。去年，她因為在外地出差沒能去看演出，這次機會難得，她不想再錯過了。

趙小姐很想向小野說明實情，還沒來得及開口，小野就先向她發出了邀請：「趙，你晚上陪我一起去買食材吧？幫我想想，都要準備哪些東西？對了，我特意準備了一瓶好酒，就是上次你說特別想嘗的那款，我給你準備好啦！」

小野的熱情和真誠，讓趙小姐覺得很感動，她實在不想掃小野的興，話到嘴邊又硬生生地吞了下去。她還想到，要是自己不參加聚會，小野會不會覺得自己對她的晉升有想法？會不會影響兩人的關係呢？思前想後，趙小姐還是決定赴約，放棄那場心儀的音樂劇。

聚會的那天晚上，大家玩得都很開心，可趙小姐卻一直處於游離的狀態，並沒有沉浸在現場的熱鬧中。小野是一個特別心細的人，加之她和趙小姐很熟，自然看出了趙小姐的心不在焉和強顏歡笑，她忍不住想：「她是不是對我的晉升有甚麼想法？」

聚會結束後，朋友們陸續離開，小野主動開口問趙小姐：「我看你今天不是很高興，有甚麼想法你可以直接跟我說，我不希望我們之間有甚麼誤會。」趙小姐解釋說，真的沒甚麼事，可能是這週的工作有點累。小野覺得這個理由很牽強，但也沒再繼續追問。

這件事之後，趙小姐和小野之間的關係發生了微妙的變化。趙小姐覺得很委屈，而小野卻認為趙小姐那天的情緒低落「沒那麼簡單」。任何關係一旦摻入了猜疑，自然就會生出嫌隙，一段原本美好的情誼，就因為誤解被徹底割裂了。

其實，趙小姐完全可以直接告訴小野自己的為難之處，送上一份小禮物表示祝賀，讓對方了解自己的心意。可是，這個不願辜負他人美意的「老好人」，卻選擇了違心參加聚會。她以為這麼做就可以避免衝突，卻全然忘了自己也是一個有血有肉、會痛會癢的人。誰能夠做到違心答應一件事，還沒有任何情緒呢？

當一個人與真實的自己背道而馳，逼着自己長期戴上「討好」的面具，去迎合周圍的人，做自己不喜歡的事時，就會陷入「表面美好」與「內在焦慮」的衝突中。

人是難以欺騙自己的，那些沒有說出口的委屈不會消失，相反它們會不時地攪亂內心的安寧。要知道，負面情緒是一種能量，它會散發出磁場，讓身邊的人察覺到異樣。違心出席聚會的趙小姐，雖然沒有明確說明自己的真實想法，可她的情緒狀態早已將她出賣——無法全身心地投入熱烈的氛圍中，內心總是忍不住責備自己——「我真是沒用，連這點事情都不好意思開口。」敏感的小野接收到了趙小姐發出的無聲信號，並產生了負面的聯想，結果兩個人之間真的產生了誤會。

壓抑和隱忍不能換來風平浪靜，那些沒有被直接表達出來的情緒會轉化為隱形攻擊，即用消極的、惡劣的、隱蔽的方式發洩負面情緒，以此來攻擊令自己不滿的人或事。

隱形攻擊是一種不成熟的自我防禦，討好型人格者無法用恰當的、有益的方式表達自己的負面情感體驗，內心明明積壓了許多不滿和怨恨，卻不願坦坦蕩蕩、落落大方地說出來，而是採取只有自己才清楚的、將事情愈弄愈糟的隱蔽方式，來獲取心理上的平衡。

這樣的行為模式解決不了問題，它沒辦法讓別人真正地了解你的真實感受，之後可能還會繼續以同樣的方式對待你。從某種意義上來說，隱形攻擊比直截了當地表達不滿，更容易破壞人際關係。

能做的都做了，他們還是不喜歡我？

真相 5

你不可能讓所有人都喜歡你

「能做的我都做了，為甚麼他們還是不喜歡我？」說這句話時，嘉朗露出一臉的無辜。為了和周圍人搞好關係，他很努力，可結果卻並未如他所願。

部門裏的主管很沒擔當，出了紕漏只會把責任推到下屬身上。嘉朗剛入職半年，前前後後就替主管背了三次黑鍋，每一次都是「啞巴吃黃連，有苦說不出」。他不敢表現出憤怒和不滿，還對主管笑臉相迎，主管也習慣性地把他當作「擋箭牌」。

財務部的會計待人很冷淡，除公事以外，一個字都不會多說。嘉朗不清楚會計的脾氣，還以為她不喜歡自己，為此懊惱不已。每次去找會計報銷時，嘉朗會刻意帶上一點小零食，見對方客氣地收下，他才覺得心安。

有時，同事會因為工作的事情抱怨嘉朗兩句，每次遇到這種情況，他都會自責不已，也很擔心對方討厭自己。於是，他就會千方百計地接近對方，邀約下班一起吃飯，或是安排其他活動。每次散場各奔東西後，他都會嘲笑自己，可下次還會如此。

嘉朗習慣對每個人都微笑，花了很多心思迎合他人，他希望能夠被周圍人接納和喜歡。然而，在上司眼裏，他是一個沒主見的下屬，重要的事情從來不會交給他，因為信不過；在同事眼裏，他是一個「好說話」的人，細碎煩瑣的事務全都甩給他，知道他不會推辭；暗戀多年的女孩，不僅拒絕了他的追求，還狠狠地戳了他的痛處：「對不起，我無法接受一個時刻都在討好別人的男人，你本來也不差，但你這種姿態讓你顯得很卑微。」

嘉朗的「辛苦」和「痛苦」，都是源於那份卑微的姿態。他總在迎合討好，誤以為依靠付出和犧牲就可以換來他人的好感，然而別人卻連最起碼的尊重都沒有給他。

人際關係原本就是千纏百裹、說不清道不明的事，擺出一副討好的姿態，往往會把簡單的問題複雜化。既要揣摩這個，又要拉攏那個，有人喜歡吃葷，有人喜歡吃素，周旋在這些人中間，如履薄冰、戰戰兢兢，試問一個人有多少精力，可以兼顧這麼多的人、這麼多的事？

討好型人格者要明晰一個真相：就算你很努力，做得很妥帖，也無法讓所有人都喜歡你。與其如此，倒不如放開束縛自己的羈絆，率直瀟灑地活着。當然了，做真實的自己是有代價的，那就是會被人討厭。

沒有人希望被人討厭，或是故意招人討厭，這是人的本能傾向。但生活不可能盡如人意，我們很難在自由地成為自己和滿足他人的期待之間實現完美的平衡。更多的時候，我們需要認真思考，並作出抉擇。如果只貪圖他人的認可，就要按照別人的期待生活，捨棄真正的自我；如果要行使自由，就要有不畏懼被討厭的勇氣。

你可能也想過：為甚麼有些人不怕被討厭？哪怕是挨了白眼、遭到反對，也能夠堅定自己的選擇？答案很簡單，他們知道「不想被討厭」是自己的事，「是否被討厭」是別人的事。

這是討好型人格者最需要學習的，在自己的事和他人的事之間劃清界線——「雖然我不想被人討厭，但即使被人討厭也能接受。」當你有了這樣的勇氣時，才能在人際關係中變得輕鬆和自由，不再取悅和討好。

只有一次沒做好，就被當成了「惡人」？

真相 6

好事做多了，別人就習以為常了

女孩出嫁之前，媽媽給了她一句忠告：「到了婆家，不要一直做好事。」

女孩聽後，百思不得其解。媽媽平日裏說話做事很理性，偶爾也透着一股精明，但三觀一向是很正的。而今，怎麼說了這樣一句話呢？在婚嫁典禮上，不都強調「孝敬父母」嗎？

人生的彎路，有時是不得不走的。婚後一年，女兒方才領悟媽媽的教誨：在婆家一直做好事，婆家會認為這個媳婦生來如此，慢慢地就把這些好視為理所當然，還可能會變本加厲！

也許，這位媽媽只是作為「過來人」，向女兒傳授自己的生活經驗。其實，她說的這番話是有科學依據的，它蘊含着邊際效益遞減的規律。

甚麼是邊際效益遞減呢？簡單來說，就是投入成本與收益增加之間不一定是對等的。當投入超過某一限度時，增加的收益就會遞減，生產要素的投入和效益之間不成正比例關係。

想要農作物長得好，肯定少不了澆灌施肥。隨着肥料的增加，農產品的產量先是遞增的，但是達到一定濃度後，再增加肥料，農產品的產量就會遞減。這就是農民們常說的：「化肥上太多，就把農作物燒死了。」

一個人饑寒交迫的時候，你給他一個包子，他覺得簡直到了天堂；吃第二個包子時，還是覺得很幸福；到了第三個、第四個時，幸福感就慢慢減弱了；等到了第十個包子，你再讓他吃，他可能會覺得噁心反胃，怎麼都吃不下去。

邊際效益遞減規律，既適用於經營管理，也適用於人際關係。人與人之間交往需要互惠，但你不能用有限的精力去填補他人無限的慾望，不能試圖用盡善盡美的方式去增進關係。當你為他人做得太多了，對方就會習以為常，失去最初的那份感動和感激；更可怕的是，之後你哪怕只有一處做得不好，都會惹得對方不滿，遭到指責和埋怨。

說起L先生，親朋好友都會說：「他這個人特別好……」

確實，L先生除了自己的生活，還負擔着各種人的各種生活：朋友生活上遇到困難時會找他，同事工作做不完的時候會找他，親戚搬家需要幫手的時候會找他，同學急需用錢的時候會找他，鄰居沒時間照顧花草寵物的時候也會找他，而他一概不拒。

L 先生累不累？當然累，可是再累，他也不好意思回絕，總覺得那樣做會駁對方的面子。他自認為這番熱情與善良，肯定會被他人銘記在心。可是，不久前的一次經歷，卻讓 L 先生陷入了鬱悶與沉思之中。

L 先生因為工作很忙，沒有答應樓下的鄰居幫忙照看寵物。過去，他都沒有回絕過，這次是特殊情況。鄰居似乎並不這樣認為，一臉不高興。沒過幾天就聽到閒話傳出：「以前總説遠親不如近鄰，現在這個社會的人，越來越冷漠。」L 先生一肚子委屈，卻無處傾訴。

委屈的不只是熱心的 L 先生，還有勤快的主婦林涵。

林涵性格溫柔，脾氣好，又煮得一手好菜，丈夫的同事朋友都喜歡到她家來做客。每次有人來，林涵也都是熱心招待，準備一桌子飯菜。飯後，客人們打牌、聊天，她在廚房默默地收拾一堆碗筷。待客人走後，她還要整理打掃髒亂的客廳。

每次家裏來客人，林涵幾乎就沒有閒着的工夫，但她從來沒有抱怨過甚麼，別人也就認為她不介意。唯獨有一次，林涵身體不太舒服，家裏又來了客人，她沒有起身招呼客人，也沒有像往常一樣準備餐點。結果，大家掃興而歸。

臨走時，林涵聽見一位友人的妻子小聲嘀咕：「是不是不願意我們到家裏來呀？躲在房間裏不出來……我們以後還是少來吧！」聽到這樣的議論，林涵的心裏別提多委屈了。

這些年，她極力維護一個「賢惠」的形象，希望每個到家裏來的客人都高興，一聲辛苦也沒抱怨過。如今，自己真的生病難受，卻被人認為是裝病，連一句噓寒問暖都沒有，實在令人心寒。

待別人適度的好，對方會感激你，會回報你；待別人太好，若某一次達不到原來的標準，就會引起對方的不滿。這種情形，用我們通俗的話來說，就是把對方給「慣壞了」。曾有人說：「好人都是被架上去的，一旦架上去就下不來了，所以就只能一直當好人。」

一直當「好人」，只要有一次不當，就會變成「惡人」。你可以對他人好，但這份好不能是無償的，要學會「標價」。這種標價不是向對方索取費用，而是用行動告訴對方，你的好來之不易，這樣對方才會珍惜。

為甚麼「老好人」總是遭伴侶嫌惡？

真相 7

你總想做好人，別人就得做壞人

在一些家庭倫理劇中，我們經常會看到這樣的人物設定：丈夫隨和友善，甚至還有一點與世無爭的味道，很少發表自己的意見，多數情況下都是應聲附和。妻子斤斤計較，爭強好勝，一點都不通情達理，總是一副咄咄逼人、兇神惡煞的樣子。

當這個家庭受到外界的不合理攻擊時，丈夫為了息事寧人、避免爭端，總是惦記着退讓，哪怕是可以爭取到的利益，也可能拱手讓出。妻子看不下去，就會指責丈夫膽小、怯懦、窩囊，不能為這個家遮風擋雨。

無奈之下，妻子就只好拋頭露面，獨自去應對外界的攻擊，維護自家的利益。為此，妻子總是得罪人，被迫背上「潑婦」、「悍婦」、「霸道」的惡名；相反，丈夫卻因為從來不出頭，總是説好話，而獲得周圍人的一致好評。

其實，這樣的情形不只存在於螢幕故事中，生活裏有不少的女性來訪者也處在類似的境遇中，她們往往都是帶着一肚子的委屈來到諮詢室的。

來訪者H說，她很努力地維護家庭利益，不惜跟外人翻臉、抗爭，但丈夫從來不感激她，還在外人面前「裝好人」。結果，所有人都把怨氣和不滿指向了她。

丈夫在家很少做家務，也很少參與大事小情的決策，有甚麼事情想找他商量一下，他就會說：「你看着辦吧！」、「你做主就行了！」外人聽了這些話，會誇讚這個男人脾氣好，給妻子足夠的尊重。可是，H心裏最清楚，丈夫是懶得動腦子，不想費心思。

H心裏有很多委屈，而這些委屈又無法向外人講，因為在外人眼裏，她的丈夫是一個「好人」；他們只會半開玩笑地勸慰H：「你呀，就是不知足！」、「不要雞蛋裏挑骨頭了！」、「這麼好的人多難得呀！」

為了息事寧人，丈夫一直當「好人」；為了家庭的利益，H只能被迫當「壞人」。最終，丈夫贏得了外人的好評，H落了一身的罵名。當別人都說丈夫「好」時，H感受到的卻只有嫌惡——「你」總想做「好人」，「我」就只能做「壞人」，都去做「好人」的話，這日子還怎麼過下去呢？

在婚姻生活中，「老好人」經常會遭到伴侶的嫌惡，因為他們把「好」的一面留給了外人，把困擾和傷害留給了家人。他們缺少邊界感，更缺少家庭責任感，只顧着維繫自己的「好人」形象，卻不曾意識到，自己的行為讓另一半被迫成了「壞人」。

站在伴侶的角度來看，當一個「濫好人」意味着：你根本沒有把自己的家人放在心上。你確實是一個「好人」，但絕對不是一個「好的愛人」，因為你不懂得利益權衡。

如果你是這樣的「老好人」，如果你還在意身邊的愛人，那麼請別再以自我為中心，陶醉在他人對自己的好評裏，無限放大自己所謂的「優點」；你應當站在另一半的角度重新審視自己的行為，反思自己為了公眾評價中的「美譽」犧牲了多少家庭利益。

婚姻存在的意義，是兩個人共同進步、相互取暖，不是找一個人給自己添堵。不要把他人對自己的評價挪到婚姻裏，鄰友相處與夫妻相處是毫無瓜葛的兩種模式。如果你不斷透支情感賬戶，最終的結果就是把彼此之間的美好與信任掏空，讓這段關係徹底乾涸。

關係是人的一面鏡子，人也是關係的一面鏡子。那些令人感到痛苦的關係，往往都潛藏着界限的問題，而許多討好者從來沒有意識到這一點，總是被情義與道德綁架。想要擺脱討好與迎合，先得學會設立邊界。正如心理學家埃內斯特．哈曼特所說：「如果自我是一座古堡，那麼心理邊界強度便是古堡外的一圈護城河。當然，護城河的寬度由自己決定。」

第四章

沒有界限的關係是一場災難

設立邊界是對自我的尊重

為甚麼一定要設立心理邊界？

重塑認知 ❶

有心理邊界，才能保護自己

很多時候，討好型人格者不知道如何維護自己的權益，不敢表達自己的需求；他們害怕讓別人失望，也不願意冒犯他人，總是退讓、迎合、討好，忽略自己的個性和價值觀，難以開口説「不」。結果，把自己弄得很沮喪、很疲憊，還被人輕視和欺負。

想擺脱這樣的窘境，討好型人格者要做的第一件事就是「設立邊界」。我們經常會聽到「邊界」這個詞語，到底何謂邊界？從心理學上來説，設立邊界有着怎樣的意義呢？

邊界是空間的分隔物，可以用來分隔物理空間，也可以用來界定自己和他人的情緒和價值觀，指明在某些情況下自己可以接受的事物，以及自己希望以怎樣的方式被他人對待。

邊界對每個人來説都很重要，對討好型人格者而言更是如此。如果沒有邊界意識，為了被他人接納和喜歡，就會不斷迎合、討好，很容易失去底線和自我。如果一開始就設定各種界限，就能明確知道自己可以做甚麼、不可以做甚麼，能為他人做甚麼、不能為他人做甚麼。

概括來説，邊界的心理學意義體現在以下四個方面：

1. 明確「我」是獨立的、自主的，不是他人的附屬品

邊界的第一個作用是區分不同的事物，從心理學角度詮釋，就是區分「我」是一個獨立的、自主的個體，而不是他人（父母或配偶）的附屬品。這種區分的意義在於，強調了自我認同感，明確了自己的責任範圍與非責任範圍。

當一個人有清晰的邊界意識時，他會清楚地知道自己是怎樣的人，清楚自己的喜好、需求和價值觀，會按照自己的意願做出選擇。反之，沒有清晰的邊界意識，就會變得「不分彼此」，把滿足他人的期待當成自己的責任，不敢表現出自己的真實想法和感受，甚至會把真實的自我隱藏起來，任由他人來定義自己是甚麼樣的人。

2. 告知「我」希望以怎樣的方式被對待，避免情感傷害

邊界的第二個作用是設定限制，清楚地知道「哪些事情是我可以接受的」，「哪些事情是我不可以接受的」，以此來指導自己的決策和行為；同時，也告知他人「我希望得到怎樣的對待」，避免自己遭受情感傷害。

絕大多數情況下，討好型人格者面臨的不是身體的危險，而是情感的危險。這些問題雖不涉及生命，但給人帶來的痛苦卻是真實的。如果你發現自己經常受欺負，遭到別人的貶低，為沒有做過的事情受到指責，被輕視或羞辱，無論做出這些行為的人是誰，他都給你造成了情感傷害。如果你事先設定了邊界，當這些情形出現時，你就會意識到自己的情感安全受到的威脅，從而制止對方的行為，保護自己免受傷害。

3. 確保「我」把時間精力用在最重要的地方，減少精力耗損

討好型人格者經常把自己搞得很疲憊，原因就是他們習慣過度付出、過度承諾、被他人利用，總把時間和精力耗費在別人的事情上，忽略了自己的要事。

每個人的時間、精力都是有限的，即使你有助人之心，也無力答應別人的一切要求。邊界的存在會提醒你，要對有限的資源進行合理分配，明確甚麼時候可以對他人的請求說「是」，甚麼時候要不假思索地拒絕，以確保把時間、精力和金錢投注在最重要的事情上，避免過度操勞，或是做出與自身價值觀、優先等級相悖的事。

4. 教會「我」做出有益身心的選擇，提升自尊與自信

邊界是一種自我管理的工具，讓「老好人」遠離那些有損身心健康的人和事；邊界也是一種自我珍視的象徵，讓「老好人」堅定地說出自己的想法、感受和需求，捍衛自己的立場，拒絕被他人利用和虧待。

邊界是對自我的一種關愛，它會讓你知道哪些事情對自己身心有益，哪些行為會有損身心健康，從而做出善待自己的選擇。你不會強迫自己和那些消耗自己的人來往，也不會為了幫助同事完成任務而加班熬夜，你清楚地知道自己是怎樣的人，自己看重的是甚麼。當你學會善待自己時，你的自尊和自信都會得到提升，你會看見自己的價值，肯定自己的權利和需求，不會為關愛自我而感到內疚。

設立邊界會不會破壞人際關係？

重塑認知 ❷

消除對邊界的誤解

對討好型人格者來說，設立邊界是一項巨大的挑戰，甚至有些人一提到設立邊界，就會感到不安。在他們看來，邊界是很苛刻的，就像是一條不可碰觸的紅線，把這條線赤裸裸地呈現在他人面前，肯定會引發人際衝突，這是他們最不願意看到的情形。

不得不說，這是對設立邊界缺少正確認識的表現。

設立邊界≠強迫對方改變行為

很多人誤以為，設定邊界就是為了迫使對方服從某種規則，讓對方改變自己的行為。如果對方不按照自己說的做，就要付出代價。按照這一邏輯來看，邊界變成了一個「易燃易爆」的事物，即使你說的話很有道理，但沒有人願意被人強求，他們會認為這是一種傲慢和無理，也是一種威脅，會產生本能的反感。

設立邊界≠控制別人

討好型人格者要認識到一個事實：設立邊界，不是為了控制別人，而是為了照顧自己。你不能左右他人的言行，但可以控制自己的選擇，讓他人知道自己的底線——可以接受甚麼，不可以接受甚麼。這樣的做法體現了對自己和他人的尊重，也可以減少彼此之間的誤解，讓相處變得更輕鬆。如果不設立邊界，總是違心迎合，就會積壓許多怨懟和憤怒，而這些負面的能量又會以其他的方式表現出來，對自己和人際關係的傷害更嚴重。

設立邊界≠自私

設立邊界是對自我的照顧與保護，與自私是截然不同的。自私，意味着凡事只考慮自己，不惜損害他人的利益；健康的邊界，意味着既考慮他人的處境，也考慮自己的感受，做決定之前會進行全面的思考與權衡。如果完全忽略自己，忘我地為他人付出，最終會讓自己精疲力竭。只有照顧好自己，才能更好地照顧他人，特別是在親密關係和親子關係中，如果愛是拼命地掏空自己，那樣的愛會很沉重、很痛苦；如果愛是先斟滿自己的杯子，它就是自然而然地溢出，是幸福的、快樂的、溫柔的。

設立邊界≠死板

討好型人格者害怕設立邊界，是因為他們把邊界視為一圈高牆，雖然它有保護作用，卻也將自己和他人進行了分隔。其實，健康的邊界並不是死板的、固定的圍牆，它是靈活的、可調整的，就像一扇可以開關的大門，你有權決定讓誰進來，也有權決定把誰擋在門外。

總之，設立邊界不是自私，也不是強人所難。人際關係猶如一個天秤，左邊是自己的個性與觀點，右邊是他人的個性與觀點，設立邊界是為了維持關係的平衡；而且，邊界不是固定的，不同的人際關係需要設定不同的界限，這些內容我們會在後續的章節中逐一詳談。

你有辛辛苦苦把爸媽拉扯大嗎？

重塑認知 ③

奪回自己做孩子的權利

曉敏生活在一個單親家庭，從小跟隨媽媽一起生活。在學習方面，她從來不用媽媽操心，成績一直很好；從 7 歲開始，曉敏就自己洗衣服、收拾房間，還學會了用洗衣機、微波爐，幫媽媽做家務；曉敏一直苦練小提琴，媽媽對她抱有很大的期望，希望她可以替自己完成年輕時的音樂夢。

曉敏對媽媽的感情很複雜，一方面覺得她很不容易，獨自帶着自己生活；另一方面也覺得媽媽很挑剔、很情緒化，總是讓自己關心她，考慮她的感受，滿足她的期待。如果曉敏做得不夠好，媽媽就會表現出很受傷、很失望的樣子，讓曉敏心生愧疚，覺得對不起她。

説起童年，曉敏沒有太多的印象，她覺得自己好像從來沒有當過「小孩」，也沒有體會過那種被呵護、被寵愛、被照顧的感覺。更多的時候，是她在照顧媽媽，努力迎合媽媽的期待，滿足媽媽的需求，換得媽媽的關注和喜愛。

現在，曉敏已經30歲了，但她仍然和媽媽住在同一屋簷下。她想過要搬出去獨自生活，可是她不放心媽媽，怕媽媽難過、孤獨，這些年她已經習慣了扮演照顧者的角色。曉敏很糾結，既想過屬自己的人生，又被難以割捨的親情牽絆着。

無論當時年幼的曉敏，還是現在的她，都面臨着同一個處境：作為女兒的她，沒有被媽媽照顧和關愛，而是反過來要犧牲自己的感受，去照顧、安撫和滿足媽媽的需求，這樣的關係在心理學上被稱為「親職化」。

親職化，是指父母與孩子之間的角色發生顛倒，父母放棄了他們身為父母本該承擔的責任，而將這種責任轉移到孩子身上。

親職化主要有兩種形態，一種是功能上的親職化，即孩子過早地參與到做飯、打掃等家務中去，或是獨自照料自己的身體需求，如獨自看醫生等；另一種是情緒上的親職化，即成為父母的知己、顧問、情感照料者或家庭調解人。

許多討好型人格者都曾生活在親職化的家庭關係中，為了滿足父母的需求，忽略或犧牲個人對舒適、關注和引導的需求，將自己童真的一面封存起來。他們知道，在父母面前展現出脆弱的孩童本身，渴望被照顧、被關注，往往會陷入失望。為了避免受挫，他們主動隱藏自己的需求，克制自己的情緒感受。可是，無論表現得多麼成熟、多麼理性，孩子終究是孩子。所有的孩子天生都是無助的、脆弱的，需要看護者的陪伴和支持才有力量去面對未知的、有風險的世界。當沒有人可依靠的時候，就陷入了缺乏安全感的狀態。

親職化的關係不只是剝奪了孩子的童年，它的影響是長期且深遠的：

阿珊來自一個五口之家，父親經常酗酒且有反社會傾向，母親懦弱無主見，哥哥高中輟學。

很小的時候，阿珊就知道自己的家庭和別人「不一樣」，她也為此感到羞恥。為了修復家庭的形象，她在學校盡力做一個好學生，在家幫母親做家務、照顧妹妹、做飯，可謂這個家庭僅有的一份榮光。

然而，就是這個乖巧懂事的女孩，大學畢業後卻出現了人格分裂的症狀。她像是被喚醒了沉睡多年的另一個人格，放蕩不羈地與各種不同的人約會，並開始酗酒、濫用藥物，直到遇見她現在的丈夫喬治，這種混亂的生活才告一段落。後來，阿珊又接受了長達數年的心理治療，才將童年時期的創傷慢慢治癒。

不是每一個親職化的孩子都會像阿珊一樣出現嚴重的心理問題，可他們多半會存在下面的這些問題：

1. 情緒反應十分敏感

親職化關係最持久、最困擾人的影響之一，就是子女在成年後情緒會變得十分敏感，很容易被他人的負面情緒傳染，將其內化到自己心中，沉浸在這種情緒裏難以自拔。他們會時刻關注和琢磨別人的感受，別人心情不好時，他們也會感到不舒服，且很多時候需要獲得他人的好感和認同，有討好他人的傾向。

2. 產生過度的責任感

孩子無法治癒父母的痛苦，這是一個客觀事實，但孩子會把它視為自己的責任，認為是自己做得不好。這種錯誤的認知容易讓孩子形成討好型人格，他們總是高度共情別人，極度忽視自己，對自己的真實需求感到羞恥，內心有強烈的不配得感；在親密關係中，他們很容易付出過多，在事情沒能朝着好的方向發展時自責，還會吸引一些索求過度的伴侶。

3. 難以建立依戀關係

在親職化家庭關係中長大的孩子，從小很少依賴父母，成年後也難和朋友、伴侶、孩子建立良好的依戀關係，他們不願承認自己有依賴他人的需要。在人際交往中，他們常常會讓他人產生錯覺——「我們是朋友 / 戀人，但你好像並不需要我。」

原生家庭無法選擇，已發生的事實無法改變，也許現在的你已經長大獨立，卻仍然被親職化關係的陰影籠罩着。面對這樣的處境，如何才能夠實現自我救贖呢？

4. 承認父母沒有用你需要的方式來愛你的事實

這是一個痛苦的事實，要承認它並不容易，你得勇敢地處理深度憤怒、悲傷和委屈。但你要相信，痛苦只是暫時的，當你接受了這一事實，才能夠放下過往，放下對父母的期待，樹立全新的信念——父母給不了的，我可以自己給，用自己需要的方式來愛自己。

5. 停止強化親職化自我，努力發展真實自我

在過去的很多年裏，你的生活都是由親職化自我建立的，你、父母及周圍的人都認為，那就是真實的你。其實，你壓抑了很多真實的需求與感受，隱藏了真實的自我。現在，你要試着去發展真實的自我，用真實的自我和外部世界建立聯繫。在這個過程中，你一定會遇到阻力，特別是來自父母的阻力，他們習慣了親職化的你，希望你保持原樣。

最初你會感到痛苦，認為自己「背叛」了父母。這個時候，你要提醒自己，過去的親職化關係是有問題的，你需要被愛、被關注、被傾聽，而不是背負着沉重的責任前行。你在過去被剝奪了這樣做的權利，現在你只是把屬自己的東西拿回來，並不是背叛。

6. 創造一些機會，讓自己再次成為「孩子」

在生活中創造一些可以讓自己再次成為「孩子」的機會，尋找一些可以成為真實自我的情境，比如：逛動物園、去遊樂場、盪鞦韆。也許小時候你沒有選擇，只能提前

成長，可是長大後的你，有能力在一些情境中重新成為「孩子」。

如果你努力嘗試依靠自己來改善，結果卻不太理想，也不要沮喪和放棄。別忘記，還有一種可行且可靠的選擇——尋求專業諮詢師的幫助。在一段安全的諮詢關係中，在無條件的積極關注之下，和專業諮詢師探索那些被壓抑的真實感受，與真實的內在小孩對話，了解、關注和重視自己的感受和需要，可以幫助你療癒過去的創傷。

為甚麼你總是受他人的情緒傳染？

重塑認知 4

分離自己與他人的課題

討好型人格者大都有過這樣的體會：當身邊的人出現負面情緒時，總是不自覺地受到對方的情緒感染，尤其是自己最親近的人。出現這樣的情況，最主要的原因是沒有設立好情緒邊界，不能很好地區分自己的情緒和他人的情緒，總想為他人的情緒負責。

過往的 20 多年裏，陳苒一直背負着媽媽的情緒。

根據陳苒的描述，她媽媽是一個性格內向、不太愛說話的人，在生活方面也很節儉，但骨子裏卻很倔強；爸爸性格外向、熱情健談，虛榮心有點兒強，喜歡招呼朋友來家裏做客，或是在外面請客吃飯，還經常借錢給朋友。媽媽很不高興，心裏埋怨爸爸胡亂花錢、不顧家，但她不善於表達，經常自己生悶氣，擺出一張不高興的臉。每次見到媽媽不悅的樣子，爸爸都會說她性格不好，兩個人經常吵架。

陳苒讀書的時候，經常要扮演安慰父母的調和者。待她上大學和工作後，雖不常在家，可每次和媽媽通電話，都要聽媽媽嘮叨近期發生的那些芝麻綠豆的事情，以及對爸爸的種種不滿和埋怨。陳苒心疼媽媽，總是好生勸慰，想讓她心情好一點。可是，掛斷電話之後，陳苒的心情卻會一落千丈，好幾天都是消沉的。

陳苒的內心有一種深深的無力感，她覺得自己無法做到讓父母融洽相處，也責備自己賺的錢太少，不能讓媽媽免去對金錢的擔憂。想到媽媽委屈落淚的樣子，她心裏就感到痛苦。

為了擺脱這種痛苦的狀態，陳苒鼓起勇氣走進了諮詢室。在心理諮詢師的幫助下，陳苒意識到了問題的根源——她把自己代入了媽媽的情緒中，總想替她分擔痛苦。隨着諮詢的進展，陳苒也逐漸認清了一個事實：父母之間的問題應當由他們自己來解決，她沒有責任去背負這些問題，也無力去承擔；媽媽對爸爸的不滿，以及她所感受到的委屈，都是屬媽媽的情緒。作為女兒，她可以選擇傾聽和共情，也可以選擇讓媽媽用其他的方式去消解。每個人都必須對自己的情緒和行為負責，媽媽也不例外。

陳苒是一個情緒邊界感較弱的人，在看到媽媽焦慮、憤怒時，產生了強烈的共情。她沒有意識到那是媽媽的情緒，反倒是內化了媽媽的感受，認為自己要為媽媽的情緒負責，有責任把媽媽從痛苦中拯救出來。

每個人都是獨立於他人的個體，即便彼此之間的關係很親密，即便對他人產生了共情，也當明確個人的邊界。每個人活在這個世上都有自己的課題，我們無法拯救他人的命運，也無法背負他人的痛苦。過度共情只會不斷吸食他人的負面情緒，讓自己的人生走向失控的境地。要扭轉這一情形，需要討好型人格者注意以下三個問題：

1. 識別情緒的主體

當一個人心情不好，希望獨自待一會時，你要提醒自己：「這份沮喪的情緒是屬他的！」雖然你感受到了他的煩悶，但你沒有義務和責任把他從煩悶中拉出來，這不是關愛，而是過度共情。你要做的是，向對方表達出你的理解，主動給對方留出安靜的空間，讓他消化自己的情緒。切記，識別誰是情緒的主體，理性看待他人的境遇，分離自己與他人的課題。

2. 克制討好的衝動

> 每次看到男友神情凝重，或是獨自待在房間裏，阿晴就會特別緊張，總懷疑是不是自己做錯了甚麼惹得對方不高興。每每這時，她就會做一些討好的舉動，以此觀察男友的反應，來證實對方的消極情緒並非指向自己。

這種情況是討好型人格者需要特別注意的。過度共情會讓你忍不住想要對他人的情緒負責，你要學會剋制這種衝動，不去做討好對方的行為。

3. 放棄全能自戀

跟他人的情緒糾纏不清，把別人的事情當成自己的事情，把別人的情緒當成自己的情緒，總想拯救別人的痛苦，消除別人的憤怒，為此耗費大量的心力。這不是健康的共情，而是一種全能自戀——總覺得自己是全能的，覺得自己有必要在感受到他人的痛苦時做點甚麼，將對方從負面情緒中拯救出來；要是不能讓對方的情緒好起來，就會感到內疚。

如果你尊重對方，就請放棄這份全能自戀，承認對方是一個有獨立人格的人，相信對方有能力處理好自己的情緒和問題。你能夠給予的，是理解對方的感受，陪伴對方去探索解決問題的途徑。當你內心湧起想要拯救對方的衝動時，不妨冷靜 10 秒，試着提醒自己：這是他的情緒，他需要為此負責，我沒有責任也沒有能力承擔他的情緒，我要把屬他的情緒還給他，默默陪伴，相信他有能力處理好自己的問題。

和朋友談界限是一種疏遠嗎？

重塑認知 5

界限讓你知道誰是真朋友

張浩的朋友不多，跟他相處時間最久的，就是高中同學余洋。

張浩和余洋的性格完全不同，張浩比較內向，不善言辭，可是心思縝密；余洋做事衝動，經常不計後果。大學畢業後，他們都到上海工作，就合租了一套房子。起初，兩個人相處得還算融洽，可是漸漸地，張浩發現余洋經常會留給他「爛攤子」。

余洋看別人遛狗挺有意思的，沒有跟張浩商量，就私自抱回來一隻小狗。三天熱情冷卻後，他就不管小狗的起居了，房間裏又髒又亂，還不時地飄出狗尿味。張浩只好替余洋擔負起照顧小狗的責任。他也沒有過多計較，還勸慰自己說：「這個世界上沒有完全相同的兩個人，既然是朋友，就多包容一點吧！」

可是，接下來發生的一些事，卻讓張浩愈發難以忍受了。

余洋不會做飯，偶爾心血來潮，就跟着影片學做飯，結果把廚房弄得一片狼藉。新鮮的食材都浪費了，余洋也懶得收拾，就丟下爛攤子出去吃飯了。下班回來的張浩很累，想煮點面吃個簡餐，結果還得先清理水池裏的一堆鍋碗瓢盆。

不久後，余洋交了一個女朋友，還經常帶回家來。此時，張浩就成了最亮眼的「燈泡」。為了避嫌，他總是去外面的咖啡店。余洋和女友出門後，留下的盡是殘羹冷炙和空啤酒瓶，還有一堆煙頭……張浩滿腹憤怒，耐着性子把家裏收拾乾淨。

余洋回來後，張浩忍不住質問：「這是我們合租的房子，能不能注意一下衞生？」余洋似乎並不在意，說：「你知道，我上學時就懶……得了，晚上我請你吃飯。」這件事就這樣過去了，可讓張浩沒想到的是，余洋犯的錯誤一次比一次嚴重。

那天晚上，余洋借走了張浩新買的車。當時，張浩真的很不情願，但礙於兄弟面子，還是把車鑰匙給了余洋。沒想到，余洋竟然酒駕出了車禍，肇事後還選擇了逃逸。等到一天之後，警察找上門，張浩才知道發生了甚麼事。見到余洋，他氣急敗壞，說：「沒想到你居然犯這麼低級的錯誤！」

余洋也很後悔，但他仍向張浩提出請求：「能不能借我點兒錢？我手裏的錢不夠……」這一次，張浩終於拒絕了他：「我們是朋友，我才一次次地幫你，但我不是你用來處理麻煩的工具！」

作為朋友，張浩盡己所能地包容余洋，換來的卻是余洋的肆無忌憚。朋友之間相處，求同存異沒有問題，但必須有限度，至少要確保各自獨立的生存空間。張浩沒有處理好這個問題，他應當直接告訴余洋自己所能容忍的限度，區分清楚彼此的責任所在。如果余洋還在意張浩這個朋友，必然會向他道歉，在行為上有所收斂；如果余洋不理解張浩的意圖，他也用不着為失去這樣的朋友而難過。

朋友不同於家人，朋友是可以選擇的，這也是友誼的魅力。朋友不一定都要結交一輩子，如果隨着時間的流逝，或是各自所處的環境發生變化，發現彼此之間相處起來不似從前那麼舒適，大可揮手再見，給其他融洽的友誼騰出空間，不必辛苦維繫一段令自己不悅的關係。

現在你不妨回顧一下，有沒有一些朋友的行為模式總是讓你感到心煩意亂，或是很不舒服？如果有的話，説明你需要在朋友關係中設定界限了。

不要擔心設定界限會傷害友誼，事實恰恰相反，只有設定界限你才會知道誰是真正的朋友。那些真正在意的人會尊重你的決定，因為他們希望你幸福；那些不尊重你所設置界限的人，實則已經逾越了你的界限。

如何在朋友關係中設定健康的邊界呢？這裏有五個建議，可以作為參考：

1. 識別信號：聽從身體的反饋

如果你和某些朋友相處時，總覺得胃部有痙攣感，或是出現其他的身體症狀，説明這段關係給你帶來了壓力。此時，你就要設定界限，明確自己應該在哪些地方作出調整和改變，以便讓自己感到舒適。

2. 心理建設：放下思想包袱

你可能不太習慣和朋友談論界限的話題，總覺得這樣做似乎預示着要疏遠對方。其實，這是一種錯誤的信念，設置邊界不是自私，是要讓彼此更舒適地相處。你不妨提醒自己：「我沒有做錯任何事，談論界限不代表我不在乎朋友，我只是想讓他們知道，我需要關注自己。」

3. 選對時機：在越界時談論

選對時機和朋友談論自己設定的界限是很重要的，忽然提起這個事情會顯得很唐突，也缺少針對性。最合適的時機是當朋友做了一些讓你感到不舒服的行為時，比如：約會時遲到、頻頻談論自己的負面情緒……此時，你和對方説明自己設定的界限，朋友更容易理解你的觀點，並且尊重你的感受和界限。

4. 注意措辭：慎説刺耳的話

在告訴朋友自己設置的界限時，切忌直截了當地說「當你……我覺得你很囉唆！」，這樣的話聽起來很刺耳，帶有指責和貶低的意味，容易引發衝突；你可以用正向的話語來描述：「如果你能……我會感覺更舒服！」，這樣既表達了自己的想法和需求，也提醒了對方今後該用甚麼樣的方式與你溝通、相處。

5. 敞開心扉：説出內心的不安

絕大多數時候，討好型人格者是安靜的傾聽者，很少會主動談及自己的情緒和感受。你可以試着敞開心扉，讓朋友知道你在談論自己的情緒時會感到不安，而後委婉地告訴他，對方的某些行為會給你帶來困擾，並提出你的需求或建議。

婚戀關係中，要不要看對方的手機？

重塑認知 ⑥

親密愛人，親密有間

瀟瀟很喜歡男友凱文，為他放棄了出國的機會，對其他男生的追求視而不見。每天上班，她都要把自己在公司裏的大事小事總要第一時間告訴凱文。下班時，她會提前開車到凱文的公司門口，然後一起吃晚飯，再依依不捨地分別。

誰都看得出，瀟瀟對凱文的愛很深，但凱文心裏卻有說不出的苦。

凱文不止一次跟朋友說，不在一起的時候會想瀟瀟，可在一起的時候又有點煩。週末他想去打球，瀟瀟卻拉着他去逛街；下班他想跟朋友們聚聚，瀟瀟也非得跟着，既不讓抽煙，也不讓喝酒，特別掃興。最讓凱文難以接受的是，每次見面瀟瀟都要翻看凱文的手機，看他都和誰聊過天，談論了甚麼。要是有新的好友，她定會尋根問底，生怕凱文和對方有甚麼瓜葛。

對於這樣的關係狀態，凱文幾次想提出「分開一段時間」，可話到嘴邊又吞下。他知道瀟瀟對自己是真心的，也怕錯過了這個美好的眼前人。可是，她的愛實在太沉重了。

相處一年多以後，兩個人在一起的氛圍不如從前那麼好了。凱文變得沉默寡言，冷冷淡淡。瀟瀟問甚麼，他只是輕聲應和，沒表情，沒心情。可一聽瀟瀟說要出差幾天，他又變得很殷勤。瀟瀟懷疑，凱文是喜歡上了別人，兩人還為此生了嫌隙。

生活經驗告訴我們：有些時候，人與人的空間距離近了，不代表心理距離也近了，比如同事；彼此不是每天都聯繫，但也不代表心裏不惦記對方。凱文對瀟瀟是有感情的，可為甚麼深入相處之後，他卻想要逃離這段關係呢？

西方生物學家早年做過一個研究刺蝟生活習性的實驗：在寒冷的冬天，把十幾隻刺蝟放到寒風凜冽的戶外空地上。由於天氣很冷，空地上又沒有遮風避寒的東西，這些刺蝟被凍得瑟瑟發抖。生存的本能讓它們不由得靠在一起，但又因為彼此身上的長刺而被迫分開。就這樣，經過一次次地靠近和分開後，刺蝟們終於找到了一個合適的距離，既可以相互取暖，又不會刺傷彼此。這種情形後來被稱為「刺蝟效應」，也叫「距離法則」。

在人際交往中，人與人之間的相處要保持一個適度的距離，太遠了會顯得關係生疏，太近了又會出現摩擦，唯有不遠不近，才能讓雙方的關係處在一個和諧、融洽的氛圍中。

戀人或夫妻之間也要設置邊界，保持恰當的距離。這份距離，不一定是地理上的距離，分隔兩地，而是要給彼此在心靈上留出一點空間，把關係控制在相互容納並相互吸引的範圍內。

凱文和瀟瀟之間最大的問題在於，沒有在親密關係中設置合理的邊界。瀟瀟理解的愛是一種「非正常的共生關係」，彼此不分你我，任何事情都要第一時間與對方分享，這是缺少邊界的表現，是自我發展的不成熟；凱文難以接受瀟瀟的做法，他感覺個人的隱私空間被侵犯了，卻又不知道該怎麼和瀟瀟進行溝通，只想着以「分手」的方式來逃避，這是不會設置邊界的表現。

不敢（或不懂得）在親密關係中設置邊界是一個常見的現象，也是困擾着許多伴侶的問題。缺少健康的邊界，可能會覺得另一半事無巨細地管着自己，失去了自由；可能會因為花錢方式有出入，引發嚴重的爭吵；還可能因為對方無視自己的家務勞動，把剛剛打掃完的廚房弄得一塌糊塗，激起滿腔的憤怒；也可能會為了不打擾伴侶的計劃，調整自己的時間安排，結果耽擱了許多工作，把自己搞得焦頭爛額……儘管這些行為都不足以成為結束這段關係的理由，可它們卻嚴重擾亂了關係的平衡與融洽，總是讓彼此陷入衝突之中。

人在親密關係中存在兩種恐懼，一種是被拋棄的恐懼，另一種是被吞沒的恐懼。兩個相互獨立的人成為伴侶，必然要經歷打破界限、互相融入的過程；然而，融入不意味着徹底失去自我，為了避免產生被吞沒的恐懼，多數人會為自己創造一些私密的心理空間。

R 定期都會找知心的朋友傾訴一下煩心事，偶爾回家時也會悄悄地給父母一點錢，她還會在社交平台給自己欣賞的某個異性點讚……這些事情無關背叛，可是為了避免誤會與爭執，她都不想讓男朋友知道，她認為自己有權利做這些事情，不需要獲得誰的批准。

同樣地，R 也允許男朋友有自己的獨立空間，從來不會隨意翻看對方的手機，即使要查看的話，也會告知對方，經過對方的允許。假期的時候，她不會要求男朋友必須陪伴自己，允許他和朋友相約小聚，也不會因為他獨自去行山而感到失落，如果她想要參與男朋友的活動，也會如實地說出自己的需求，並接受對方可能會拒絕的事實。

R 和男朋友之間的關係是親密有間的，她可以在對方面前做真實的自己，說出自己的需求；同時，她也允許對方拒絕自己的請求，按照各自的意願去支配時間和空間。有了這種清晰的界限，可以避免許多不必要的衝突。

設置親密關係的界限，對任何人而言都很重要。如果你有討好型人格的傾向，那麼你更應當明晰自己和伴侶之間的邊界。美國心理學暢銷書作者蔡斯．希爾認為，在設定親密關係界限時，需要考慮六個因素：[1]

---

1. 蔡斯．希爾：《停止討好別人》（美國：中國科學技術出版社，2022 年 11 月）

1. 給雙方想要做的事情留出足夠的時間與空間。
2. 對彼此要承擔的家務進行細分，明確各自的責任。
3. 愛你的伴侶，但當他的行為超出你能容忍的界限時，要適可而止。
4. 當伴侶越過你的界限時，只能原諒那些不違背你價值觀的言行。
5. 對伴侶坦誠，同時也給伴侶坦誠的機會。
6. 明確自己的界限後，確保伴侶完全清楚你的界限，而後堅持自己的界限。

這些是為親密關係設定邊界的一些原則，你可以根據自己最看重的方面進行完善和細化。在此之前，如果你從來沒有做過這件事，你的伴侶可能會表現出詫異，不明白為甚麼突然要做出改變。所以，和對方談論界限這個話題，一定要找對時機。

1. 在你們心情愉悅的時候去討論，不要在疲憊或爭吵之後討論。
2. 確保談論這一話題時，不會被其他事物干擾。
3. 你希望伴侶在哪些方面作出改變，告知之後要給予解釋。你要讓伴侶知道，並不是因為他做錯了甚麼，而是你希望過得更開心，希望讓這段關係更深厚、更長久。
4. 真實地說出你的情緒、你的感受，不要強調伴侶帶給你的感受。
5. 和伴侶討論如何讓彼此共同成長，設定新的目標和學習內容。
6. 告訴伴侶，你依然很愛他。

在親密關係中設定界限是一件有挑戰性的事，要作出改變也很不容易。當你思考要不要設立界限時，你可以想像一下「親密有間」的生活是甚麼樣的，以及不設界限的生活狀況是甚麼樣的。你會意識到，改變之後的雙方會更容易溝通，更能相互理解，而你也可以更好地向伴侶表達你自己。

如何擺脫過度勞累的工作狀態？

重塑認知 7

別讓情分掩蓋了本分

李颯給一家公司做兼職會計，按照事先的約定，她每天的工作時間是上午10點~下午2點。由於其他部門的員工缺少財務知識，在跟她對接工作時溝通很費勁，她經常要加班到下午5~6點鐘。有時候，老闆還會在晚上給她打電話，讓她分析財務報表和相關數據，以便了解公司經營過程中存在的問題。

起初，為了給老闆留下一個好印象，李颯並沒有對這些事宜提出異議，而是全盤接受了。漸漸地，她發現自己的工作量變得越來越多，而老闆支付給她的薪水還是和從前一樣，她的內心有些失衡，認為老闆是故意佔便宜。有時，她會故意拖延一下工作的進度，希望老闆能夠讀懂她的心思，無奈對方卻視而不見。李颯很苦惱，她不好意思主動向老闆提出加薪，又不想辭掉這份兼職，只能維持現狀。

幾乎每個人在工作中都遇到過類似的問題：老闆佈置的

任務量超出你的承受範圍，不加班根本完成不到；小組的搭檔經常偷懶，把他要負責的事情推給你；還有一些同事不懂分寸，總是和你開一些過分的玩笑……這些事情或大或小，但都讓你感到不舒服，或是被人利用和欺負，或是陷入過度勞累的狀態。

上述的這些現象，其實都涉及職場邊界的問題。對於那些不是討好型人格的人來說，他們可以從容地向上司提出加薪的要求，也可以輕鬆地指出同事的越界行為，可是對討好型人格者來說，要挑明這些問題需要下很大的決心，還要做足心理功課。

這也是可以理解的，在職場中設定邊界會給人一種壓力，讓人擔心自己會得罪同事，或是遭到孤立和排斥，甚至被辭退。的確，我們無法保證設定職場邊界不會導致任何消極的或意外的後果，但可以肯定的是，缺少邊界會嚴重影響工作狀態，降低工作表現，拉低工作效率，所以一定要權衡利弊。

不少「老好人」認為，多做一點工作，哪怕不是自己的分內事，也能換得一個好人緣。這種想法有點兒一廂情願了。如果是制度完善的公司，肯定有一套專業的考核流程，如果你的業績不達標，即使你做了很多分外之事，依然無法通過考核。職場最忌諱個人職責不清，情分永遠不能遮掩本分。所以，當有人把手伸向你的領地時，你不能只顧着賠笑臉，而是要勇敢地明確那條邊界。

身在職場的討好型人格者，要如何明確或強化自己的邊界呢？

明確自己的權利

討好型人格者經常會錯誤地認為自己無權設定邊界，也無權得到他人的公正對待。想要設定邊界，必須克服這一錯誤的信念，明晰自己在工作中擁有和他人一樣的權利。倘若你不清楚哪些權利是理所應當爭取和捍衛的，下面的這些提示應該對你有所幫助：

- 你有得到尊重的權利。
- 你有拒絕額外工作的權利。
- 你有安心休假的權利。
- 你有按照雙方約定的條款獲得報酬的權利。
- 你有不因年齡、性別、外貌、身體殘疾等受到歧視的權利。
- 你有 ____________________ 的權利。
- 你有 ____________________ 的權利。
- 你有 ____________________ 的權利。

（思考你需要設定怎樣的邊界，自行補充內容。）

滿足自己的需求

認識到自己擁有權利並應當得到尊重，不代表別人就會尊重我們的權利。當別人無法理解或滿足我們的需求時，你必須尊重自己的價值、尊嚴、時間和精力，用堅決的態度亮出你的底線，為自己爭取權益，滿足自己的需求。

不被罪惡感綁架

剛開始捍衛自己的邊界時，你可能會不太適應，很容易被罪惡感綁架。此時，不要順從自動思維，你可以停下來做三次深呼吸，然後問問自己：「這是不是我的分內事？我是真的願意接受，還是習慣性地害怕拒絕？如果接受了這樣的請求，會對我造成哪些影響？」當之前的壞習慣想要帶着你跑的時候，進行這樣一番的自我對話，可以有效地強化自我意識，幫助你對抗「不敢拒絕」的壞習慣。

怎樣應對那些挑釁自己邊界的人？

重塑認知 8

接受不完美的解決方案

當我們設立了心理邊界之後，最理想的狀態莫過於，別人尊重我們的想法，理解我們的需求和感受，也願意接納這個邊界。然而，這個世界上並非人人都是通情達理的，總有一些人不懂得何謂尊重，即使知道你會不高興，還是會去挑戰你的邊界。

現在，你不妨對照以下信息識別一下，看看自己身邊有沒有這樣的人。

- 屢屢侵犯他人的邊界。
- 任意妄為，經常破壞規則。
- 不考慮他人的需求和感受。
- 總是提出不合理的請求。
- 永遠認為自己是對的。
- 控制別人以達到自己的目的。
- 目的沒有達到時，會大吵大鬧或侮辱他人。
- 喜歡背後說別人的壞話。

- 習慣扮演受害者。
- 破壞別人與其伴侶、孩子或他人的關係。
- 享受他人的幫助，卻從不給予回報。
- 做錯事很少道歉，即使道歉也是敷衍了事。
- 說謊成性。
- 情緒不穩定，有暴力傾向。
- 貶低他人的價值觀、生活方式和選擇。

遇到這樣的人，誰都會感到生氣和憤怒，甚至忍不住想要對他發脾氣。遺憾的是，即使你義正詞嚴地指責對方，往往也是無濟於事，對方根本不會買你的賬。不僅如此，他還可能會反咬一口，說你苛刻、小氣，對你進行道德綁架，讓你懷疑自己的邊界是不合理的。

> Z先生的父親養了一隻貓，這隻貓性格暴躁，曾經抓傷過Z先生。雖然Z先生不和父親同住，但父親還是會經常帶着這隻貓到Z先生家做客。Z先生知道，這條貓已經被父親當成了「夥伴」，也就沒有阻止他。
>
> 不久前，Z先生的女兒出生了，他開始忌憚那隻愛抓人的貓。於是，Z先生就和父親說：「以後再來家裏時，就不要帶着貓了，以免傷着孩子。」這樣的要求是合情合理的，絕大多數人會理解並尊重這個邊界。
>
> 然而，Z先生的父親卻認為，兒子說出這樣的話，是在指揮自己、控制自己，他很憤怒，說：「我是你爸，

甚麼時候輪到你跟我講條件了！」接着，他自顧自地發洩憤怒，整個過程持續了 10 分鐘。

Z 先生很有邊界感，也懂得保護核心家庭成員的安全，他提出的要求是完全合理的。可是，Z 先生的父親絲毫不顧兒子的感受，也不尊重兒子設置的邊界。面對這樣一個難相處的人，協商、分享感受基本上沒甚麼用，無效的交流還可能會進一步惡化成爭執、指責，讓情況變得更糟。

當討好型人格者遇到難相處的人，簡直就是一場巨大的災難。「老好人」原本就不太敢表達自我，再加上對方的咄咄逼人，很容易被迫「就範」。美國執業心理治療師莎倫·馬丁建議，和這樣的人相處一定要講究技巧，採取特殊的策略：[2]

確保人身安全

我們無法準確預測他人的行為，但是一個人過去的行為可以作為參考，特別是那些隨意踐踏他人邊界的人，千萬不要低估對方曾經給他人造成的傷害。當你不得不面對這些人時，最先要考慮的就是安全因素。

切記不要向對方解釋你的邊界，他一定會反駁你、指責你、否定你，一旦陷入爭執，很可能會激怒對方，讓你陷入危險的境地。如果對方有過威脅、暴力的行為，而你又必須

2. 莎倫·馬丁：《邊界感與分寸感》（美國：化學工業出版社，2023 年 6 月）

與之接觸，最好選擇公共場合。如果你對面談感到不安，也可以選擇使用電話或微信溝通。

避免捲入爭論

總是挑釁他人邊界的人，往往都有很強的控制慾，喜歡轉移話題，用指責和攻擊的方式把他人捲入爭論中。所以，和這類人相處時，一定要控制自己的情緒，避免和對方進行權力之爭。當他們發現控制不了你，沒能得到想要的反應時，往往就會放棄。

關注可控之事

想和不明事理的人劃清邊界，最好的方式就是關注自己可以控制的事情。不要試圖讓他們作出改變，這是一種幻想，你愈跟他們講道理，他們愈是變本加厲。這類人不會承認自己有問題，只會報以憤怒、否認和嘲笑。這樣的事實令人沮喪，但你可以盡己所能，在可以做的事情上付諸努力，以滿足你的需求。

以 Z 先生為例，如果他想要保護自己的女兒不被貓咪傷害，他能夠作的只有兩個選擇：第一，拒絕父親到自己家做客，選擇在餐廳或咖啡廳見面；第二，當父親帶着貓過來時，拒絕給對方開門。

這兩種選擇都很艱難，甚至顯得有些冷漠，但是和難以溝通的人相處，也只能接受這些不完美的解決方案，因為他們留給別人的選擇餘地很小。在必要的時候，我們甚至還要主動選擇結束與對方的關係。

討好型人格者也許會為此感到難過，這也在情理之中。但是，你仍然要提醒自己，作出這樣的決定是有原因的，比如：「我之所以這樣做，是為了保護我和家人不受傷害」、「我有權決定誰可以來我家」、「父母不高興，不代表我做錯了」、「我不必為父母的情緒負責，我也沒有義務去討好他們、迎合他們」。

這是一項極具挑戰性的任務，一旦你完成了，你會感受到成長的力量。

太宰治在《人間失格》裏說：「我的不幸，恰恰在於我缺乏拒絕的能力。我害怕一旦拒絕別人，便會在彼此心裏留下永遠無法癒合的裂痕。」不要讓這種不幸延續到生命的終點，你有權利遵從內心的想法來作選擇，你可以不帶愧疚地拒絕任何人，這不是自私自利，而是對自我的尊重。

第五章

糾結和自在，只隔着一個字

不帶任何愧疚地説「不」

拒絕他人的請求，算不算自私？

練習 1

打破「拒絕＝自私」的枷鎖

有人在自媒體公眾號開展了一個活動，邀請網友們分享「拒絕別人的時刻」。

截止到活動結束的時間，後台共收到了150多份回覆，每個人都列出了自己的理由，如：不想佔用自己的時間，就是不喜歡、不想做，與自己的安排衝突，不願意打破自己的原則，嫌麻煩，感覺自己被當成了「工具人」，對方的態度很不友好……

相比這150多份回覆，有近60%的網友表示，他們平時很少拒絕別人。提及原因，多數人的困惑點在這裏——拒絕別人之後，總是會感到愧疚，內心會湧現各種批評性的質問：「從道義上來説，我是不是應該幫忙？」，「就這樣拒絕，是不是太自私了？」

「拒絕＝自私」，這是一個經常出現在討好型人格者腦海裏的想法，他們總覺得對別人説「不」，就是自私自利，不考慮他人的感受。這種想法猶如一把枷鎖，時常讓他們產生愧疚感，像是做了甚麼「對不起」別人的事。要是這樣的批判聲從別人嘴裏說出來，哪怕對方只是為了達成目的刻意製造道德綁架，為了甩掉負面標籤，他們也會違心接受。

我的朋友Y，從事臨床心理學工作多年，經常接受邀約去做演講。

有一次，我剛剛走進Y的辦公室，就聽到他的助理手持電話跟人解釋：

「雖說演講時間只有1小時，但Y老師要做很多準備工作。」

「距離還是比較遠的，往返路程大概得2個多小時。」

「去不去演講和有沒有愛心是兩回事。」

「謝謝您的邀約，Y老師這次真的沒法參加，檔期已經滿了，抱歉。」

透過助理的這些回覆，我大致能夠猜出是甚麼情況：Y經常會接到一些演講邀約，而他的時間有限，工作量又很大，不可能全都答應。被拒絕的邀請方自然是不樂意的，總是百般央求，有時還會進行一番道德綁架，聲稱演講是公益活動，是體現愛心的方式。言外之意，要是連1小時的公益演講都不願意做，是不是太沒有愛心了？

Y的助理從來不接受對方的道德綁架，Y本人也不會受這些評判的干擾。如果是討好型人格者，聽到對方說「這樣做顯得很沒有愛心、很自私」時，瞬間會覺得自己「品行不夠好」，從而接受對方的邀請。

樂於助人是一種美德，但拒絕他人不等於冷漠和自私。

《季羨林談人生》中這樣寫道：「能夠百分之六十為他人着想，百分之四十為自己着想，他就是一個及格的好人。」做一個心存善念的好人，不等於任何時候都把別人放在第一位。人生不是用來討好別人的，如果不拒絕那些不想做的事情，可能都沒有時間和心力去做真正想做的事，那是對自己的不負責任，也是對生命的浪費。

M女士和先生共同經營一家公司，先生的弟弟和弟媳也在公司工作。後來，M的先生因病離世，她只能獨立打理公司。扛了幾年之後，M女士感覺精力、體力都不如從前，就想將公司轉手。弟弟和弟媳勸M女士，公司是她和先生多年的心血，這樣賣掉太可惜，夫婦兩人有心繼續經營，只是經濟實力不足。

後來，家中的長輩找到她，請求她低價把公司轉讓給弟弟和弟媳。然而，說出的價格，低得讓M女士驚愕。別的買家出資1500萬元，長輩開口就把價格壓到了300萬元，還聲稱「都是一家人」。M女士不同意，長輩很不高興，指責她自私。

M 女士很鬱悶，也很委屈：先生的弟弟和弟媳在公司裏做事，薪資待遇給得很高，現在讓她以低出幾倍的價格把公司轉讓給他們，換作誰也不會同意的吧？況且，他們提出這種違反人性的期望，就不自私嗎？想到這裏，M 女士決意「自私」一回，照顧自己的真實需求，退休享樂，並把公司轉讓給最合適的人，給全體員工一個交代。

弟弟和弟媳為了自己的利益，讓長輩開口向 M 女士提出不合理的請求，用「都是一家人」的說法對她進行情感勒索，卻從未覺得自私；M 女士不同意他們的請求，婉言相拒，結果卻被扣上了「自私」的帽子，這是甚麼邏輯呢？

拒絕不是自私，而是一種自保，你在捍衛自己想要的東西，它體現了你的心聲、你的願望、你的尊嚴和你的價值。當他人的期待和慾望超出你能夠承受的範圍時，你完全可以問心無愧地說「不」，因為這是你本應該做的 —— 遵從內心，忠於自我。

碰到尷尬的問題，要勉強回應嗎？

練習 ❷

真誠是與人為善，不是毫無保留

「我 13 歲那年，父親就生病去世了，這件事一直是我不願意提及的傷痛。從中學時代到大學，我結識了不少的朋友，每次問及家庭情況時，我總是含糊其詞，很少直接回答。其實，我內心挺糾結的，總覺得別人對自己挺好的，應當把家庭的真實情況和自身的經歷都告訴對方，可我又不知道怎麼說……」

與人交往，保持一份真實和坦誠，無疑是值得稱讚的品行。畢竟，人是群居動物，需要友情，也需要被關心、被了解，但這種坦誠不代表要把自己的一切都告訴對方。我們有權保留自己的秘密，那些真正值得深交和信任的朋友，如果意識到了你在回避這個問題，出於尊重和理解，一定不會再多問；若是不顧你的感受，死纏爛打地打探你的隱私，這樣的人根本算不得朋友，而你也不必為此煩惱，大大方方地回絕就好，因為這是你的權利。

幾乎每個公司都有熱衷於「八卦」的同事，和玫玫同組的小H，就是一個愛打聽私隱的女孩，特別關注別人的戀愛史和家庭私事。

有一次，小組人員外出培訓，玫玫和小H同坐一排，車上還有其他部門的同事。小H特別喜歡這類活動，表現得很興奮。那時候，玫玫剛來公司不久，和小H不是很熟。上車後不久，小H就開始向玫玫發起一連串的「問題」攻擊。

「你有男朋友嗎？」
「他是做甚麼工作的呢？」
「薪金待遇怎麼樣？」
「你們準備買樓嗎？」

小H的問題像連珠炮一樣，玫玫剛到公司不久，還沒有跟其他人講過自己的私人生活，她也從來不打探別人的私生活。小H的聲音很尖，周圍有些同事都側耳傾聽着。

面對眼前的情景，玫玫有些尷尬，她不想當眾曝光自己的私生活，也不希望讓人看熱鬧。於是，玫玫就開始勉強回應小H的那些問題：「他……就是一個普通職員……薪金夠生活的……你是有樓盤要介紹嗎？」說這些話時，玫玫心裏很不舒服，她特別希望小H能主動閉嘴，可小H似乎感受不到玫玫的尷尬，一直不停地追問，直到抵達培訓中心。

初與人相識時，適當地自我暴露，可以有效地消除對方的戒心，迅速地建立良好的人際關係。前提是，這個交往對象必須是真誠的。很明顯，玫玫的同事小 H 就是一個熱衷於「八卦」的人，對這樣的人，不能用縱容的態度如實回答他們提出的所有問題。

小 H 的連番詢問讓玫玫感到不舒服，觸及了她的心理界限。可是，玫玫不太懂得如何拒絕，硬着頭皮去回應那些問題，整個過程充滿了緊張和窘迫。其實，遇到這樣的問題，大可不必勉強自己，你有權利為自己的私隱保密。

真誠是與人為善，但不是毫無保留。有些問題，如果你不想回答，就大方地告訴對方：「抱歉，我不太想談這個話題。」；或者用靦腆、幽默的方式去回應，也是可以的。比如，不想回答自己的年齡，大可以笑着反問對方：「你為甚麼想要知道呢？」再者，如被問到婚戀的情況時，也可以稍微羞澀地説：「我還是想保持一點神秘感。」

在拒絕他人的提問時，盡量不要用「無可奉告」，「暫時保密」等詞匯，這會讓彼此之間的關係蒙上濃霧。避免過於率直地拒絕，巧妙地把話説得溫和一點，對方才能接受你的回答，並且明白這些事情是你不願談及的，而不再多問。

拒絕熟人的請求時，怎麼解釋最合適？

練習 ③

説出你真實的想法與感受

阿晴的好友扭傷了腳踝，一個月內無法正常行動，請求阿晴幫她開車。礙於彼此之間的情誼，阿晴接受了。接下來的一個月裏，她就在忙碌於照顧朋友和工作之間。

剛開始的一週，阿晴沒有太明顯的不適，可從第二週開始，她就感覺到了疲憊；更讓她難受的是，自己辛苦奔波，並沒有得到朋友的感激，反而還招了一身埋怨。朋友嫌她開車慢，嘮叨她技術不行，害得她遲到了兩次；阿晴這樣折騰，精力耗損很大，工作效率受到了影響，老闆批評她心不在焉。面對這種焦頭爛額的狀態，阿晴很心煩，後悔自己當初的決定。

身處阿晴的位置，很多人也會覺得，朋友陷入困難之際，確實不太好回絕對方。事實上，問題根本沒那麼複雜。為人處世需要有情商和智慧，但也需要遵從自己的內心，而不是刻意去偽裝自己，只想向他人展示自己身上美好的一面，把苦楚全都留給自己。

當你想拒絕熟人的時候，用不着去找各種藉口來掩飾真實的想法，更不必以虧欠的姿態百般解釋。拒絕必然是有理由的，否則就不會作出這樣的選擇。只要你的拒絕是合情合理的，即便對方會有一些不悅，他也會敬重你的真實和坦誠，不會傷害彼此之間的情誼。

「五一」假期之前，相識多年的老友W約我假期見面小聚。

W平時工作很忙，經常到外地出差，真正可以休息的時候不多。補充睡眠和精力是頭等大事，她幾乎不參與其他社交活動，就連親戚的聚會也會推掉。W願意和我出來小聚，並且主動發出邀請，確實是一件不容易的事。

被朋友如此看重，我是欣慰的，但我已經制訂好了假期計劃，要安心在家完成3篇約稿。看到W的邀約時，我有過片刻的猶豫，畢竟我們各自都很忙碌，上一次見面還是去年春天，算算也已經一年了。不過，最終我還是回絕了和W的這次小聚。

我沒有找任何藉口，就把自己的想法和安排原原本本地告訴了W：「感謝你的邀約，能被你如此重視，我很高興。只是，我假期的安排已經定好了，需要完成3篇稿件，這件事需要精心去做。如果我勉強赴約，內心也是不踏實的。考慮了一晚，我還是想按照自己的節奏來，並把實情告訴你，希望你能理解。」

W也很直接，她說：「被這樣拒絕，我是有些失望的。但是，我也喜歡這樣坦誠地溝通，朋友之間相處，真實很重要。」

這是我親身經歷的一件事，很多時候絞盡腦汁去想如何回絕熟人，不如直接說出自己的想法和感受。也許，對方會感到一絲失落，可是真正的朋友懂得何謂尊重——允許自己做自己，允許他人做他人，不會強迫對方滿足自己的期望。其實，以阿晴遇到的情況為例，我們也可以用這樣的方式來處理。

阿晴：「你的腳扭傷了，我很難過。你能在這個時候想到我，我覺得很欣慰。但是，我這次真的幫不了你。」

朋友：「為甚麼？」

阿晴：「我近期的工作太多了，實在無法保證時間安排。我知道你的情況特殊，也需要幫助，但我希望你諒解，我確實沒有時間。」

朋友：「我倆關係這麼好，我才找你的。」

阿晴：「正是因為我珍惜我們之間的情誼，才坦誠地告訴你實情，讓你知道我的現狀和心裏真實的想法。如果可以的話，我肯定會幫忙，但這次真的不行。」

朋友：「你現在好像只關心自己的事情……」

阿晴：「我知道，這樣說的話，容易被誤會，但情況真不是你想的那樣。」

朋友：「你說的話，我聽着很不舒服。」

阿晴：「你想多了！我不是因為不在乎你才拒絕，是因為我之前已經答應了上司，近期會全身心投入新項目中，這是信用問題。所以，我現在沒辦法幫你了。」

朋友：「我還是覺得自己不被重視。」

阿晴：「你這樣想也正常，誰都希望別人能把自己放在很重要的位置上。你冷靜一下，聽我說，我們現在不要浪費時間去爭吵這些了，最好還是想想辦法，看能夠找到誰來照顧你。我們倆一起商量一下，看這個問題該怎麼解決。」

朋友：「你說的也有道理，還是想想怎麼解決問題吧。」

阿晴：「嗯，你也認真想想，我也琢磨一下。你不要難過，好好養傷，有空我就過來看你。現在，我還有工作要忙，先不跟你聊了，再見。」

拒絕本身不會直接引起他人的反感和抵觸，關鍵在於「如何拒絕」。特別是在面對熟人的時候，如果能在拒絕之後，給出合情合理的解釋，往往都能贏得他人的理解。如果條件允許，且對方接受，可以提供替代方案，實現雙贏的結局。

甚麼樣的姿態會顯得更有拒絕力？

練習 ④

客氣本身就是一種拒絕

向先生在經濟上遇到了一些困難，想向一位大學的同學借錢。上學的時候，兩個人在同一間宿舍，關係還不錯。畢業之後，大家在不同的地方工作，多半是網絡聯繫，見面的次數不多。最近，難得有機會約見，向先生知道那位同學境遇不錯，就想請求對方在金錢方面給自己一點援助。

事情並沒有向先生預想的那麼順利，特別是在兩人見面之後，向先生感覺有些彆扭。之前，大家在一起有說有笑，可以隨意開開玩笑，可是這次見面，同學的態度卻跟以前不一樣了，他說話的時候很正式，沒有任何調侃的意味；點菜的時候，還很客氣地把菜單遞給向先生，就像對待客人一樣。

向先生原本還想開口跟同學提借錢的事，見此情形，怎麼也開不了口，直覺和氛圍都在提醒他：這個人和我的關係不似從前了，開口借錢會顯得很唐突。就這樣，向先生在拘謹的狀態下和對方吃了一頓飯，之後就告別了，從始至終都沒有提過借錢的事。向先生覺得，不僅這次不會提，以後恐怕也不太好意思去找對方幫忙了。此一時彼一時，就是如此吧！

你可能也有過和向先生類似的體會：往日的同學或朋友，曾經一起嘻嘻哈哈、談天說地，彼此都很隨意。可是，忽然有一天，對方變得很客氣，不再輕易和你開玩笑，說起任何事情都是一本正經的樣子。雖然對方沒有說甚麼，可你卻受到了一種暗示：我們的關係變了，再像從前那樣相處已經不太合適了。

客氣會讓人感到拘謹和見外，不能在對方面前隨心所慾地去做任何事。但凡求人者，最喜歡的都是拉近彼此的關係，比如聲稱「一家人不說兩家話」，「我倆誰跟誰」之類的。總之，為了消除生疏感，會想盡辦法消除客氣，彌合彼此間的心理距離。

討好型人格者向來都給人一種「好說話」的印象，這種隨和的姿態很容易給他人形成一種暗示：「你可以找我幫忙，我是友好的、安全的，不會拒絕你的。」如果你總是被他人的頻繁請求困擾，或許你需要改變一下與人相處時的姿態，變得客氣一點。這樣的話，一方面能讓你更容易把「不」字說出口，另一方面也能讓對方不好意思提出請求。就像直覺和氛圍帶給向先生的感受：兩個人之間都這麼生分了，還怎麼好意思開口跟對方借錢呢？

在表現出客氣的態度時，你一定要堅定，不能一下子就被對方的誠懇感動。討好型人格者的弱點就是太容易感動，結果忘掉了客氣，最後在不好意思的情況下，接受了對方的請求。你在說客氣話的時候，盡量不要跟對方套近乎，這樣不利於拒絕。如果對方試圖與你套近乎，你要保持頭腦清醒，不要淪為對方的「感情俘虜」，否則一旦落入情感陷阱，就很難再拒絕了。

拒絕他人一定要用嘴巴說出來嗎？

練習 5

為自己建立一套「防禦機制」

假設你在專心工作的時候，忽然有人過來請你幫忙。此時，你面臨着兩個選擇：

1. 放下手中的工作，去處理這些突發事件。
2. 想出合適的理由回絕對方，花費一些時間去解釋，免除誤會和尷尬。

無論哪一種選擇，都不可避免要暫時中斷手上的工作。然而，麻煩事處理完了，再回來工作，思路和靈感往往已經被打斷了，還得重新調整狀態，起碼要 1~2 小時；情況再糟糕一些，拒絕得不太合適，還會惹得對方不高興，容易受他人影響的「老好人」，還得花時間調節自己的情緒。

其實，拒絕的表達不一定都要用嘴巴說出來，你也可以為自己建立一套「防禦機制」，把不想答應的事擋在門外。這樣既達到了拒絕的目的，也不必與請求者正面「交鋒」，可以免去不少的麻煩。

思瑜是個熱心的「老好人」，公司裏的人都很喜歡她。當然，他們喜歡思瑜，是因為她太好使喚了，有求必應，且總能把事情辦妥，利用起來太省心了。同事經常誇讚思瑜助人為樂、善解人意，她也被這些標籤束縛了，而找她幫忙的人也越來越多。

同在一個部門的趙小姐，不太會用Excel，經常讓思瑜幫忙處理報表；鄰桌的小路不喜歡收拾，總是讓思瑜幫忙找東西；市場部的主管見思瑜踏實勤快，總是打電話讓她做支援，處理一些訂單錄入。

起初，思瑜對這些事都是一一答應，無論是誰發出請求，她都會盡力幫忙。漸漸地，她意識到自己的時間都用在了幫別人做事上，自己的工作效率被拉低了很多。她很清楚，再這麼下去的話，自己很可能會工作不保。她下定決心，要把精力收回來，放在自己的工作上。

然而，事情沒有想像中那麼簡單，大家都習慣求助思瑜了，請托總是絡繹不絕，她根本沒辦法專心工作。面對這些請托，直接拒絕肯定是有效的，但她的工作思路還是會被打斷，而且這種做法對她來說太有挑戰性了。

怎麼辦呢？思瑜想了想，最好的辦法就是「事先堵住」請托的門。

她的工作不太需要向外聯絡，所以每天到坐位之後，她就悄悄把桌上的電話線拔掉，避免市場部主管打電話過來；趙小姐的 Excel 報表，通常都是下午 3 點以後才開始整理，思瑜故意把約見客户的時間定在 2 點半，這樣一來，趙小姐就只能自己動手了；至於懶惰邋遢的小路，拒絕起來相對容易一些，她決定這樣回覆小路：「我現在正忙，你先自己找找，待會兒我再幫你。」着急的小路自然不會坐等着思瑜，他只能自己去找。

經過這樣的一番調整，很大一部分請托被規避了，思瑜的日子也變得輕鬆多了。

思瑜所用的拒絕之道，就是我們常説的「未雨綢繆」，與其等請托者找上門再拒絕，不如事先把麻煩擋在門外。況且，未雨綢繆遠勝於亡羊補牢，後者雖然能夠最大限度挽回損失，可畢竟是在問題發生之後的補救措施，不可避免會有損失。相比之下，提前把問題發生的概率控制在最小的範圍內，不但省去了處理問題的麻煩，還能避免讓自己遭受損失。

如果有人經常向你提出請求，每次都以「最近忙不忙？」發起談話，你就可以這樣回答：「很忙啊！最近連休息的時間都沒有了，每天都要加班到淩晨，太累了！」你這麼一説，對方就知道你沒空幫忙了，那些到了嘴邊的請托，也會吞回肚子裏。

怎樣擺脱自己不願牽扯的麻煩事？

練習 6

用沉默表達你的態度

銀行推銷員：「女士，我們新推出了一款信用卡，現在辦理贈送購物卡。」

你：「對不起，我已經辦了好幾張信用卡了，暫時不需要。」

銀行推銷員：「是嗎？那您經常帶着幾張信用卡出門，也不太方便吧？」

你：「還可以。」

銀行推銷員：「其實，您不需要這麼麻煩，只要辦理我們銀行新推出的信用卡，真的能一張卡走遍天下，它在全球 800 多個城市都可以隨時享受我們的優質服務。這個月是推廣月，現在辦理還有禮品贈送，還享受免年費的優惠……」

你：「……」

討好型人格者最害怕推銷員的熱情推銷了。他們原本是想拒絕的，但總是因為言語不到位，給了對方反攻的機會。現實的情況往往是，不管「老好人」給出一個甚麼樣的拒絕理由，對方都會將其變成進一步推銷的理由，「老好人」只能繼續和對方爭辯，一不留神就被業務員的凌厲攻勢駁倒。面對這樣的情形，到底該怎麼回應呢？

其實，最好的應對方式就是沉默。

> 我認識一位從事教育評論工作的前輩，她經常出席一些家長會之類的活動。她聲稱，在很多次演講結束後，她都遭遇了「尷尬」，因為她總是習慣性地問聽眾：「大家有甚麼問題嗎？可以提出來討論一下。」然而，十次有九次，現場鴉雀無聲，無人回應。全場聽眾都盯着她，讓她有些不知所措。她不知道，聽眾們是真的沒有問題，還是自己太敏感了。總之，這種沉默讓她不知如何自處。

這就是沉默的威力。這位前輩在演講結束後遭受「冷遇」，聽眾的無回應讓她很不自在，讓她產生了一種被忽視、被拒絕的感受。如果你想回絕一個人的請求，又不好意思開口，總覺得尷尬，那不妨用沉默來表達自己的態度；特別是遇到一些你不願意牽扯進去的麻煩事時，這種拒絕方式會顯得很自然。

> Tina 剛來公司半個月，就趕上了一位同事的邀約，請她參加一個聚會。Tina 不喜歡熱鬧，也不太想參加，

可是琢磨了半天，不知道怎麼拒絕對方的邀請，似乎怎麼說都不合適。為了不影響工作，Tina 就暫時把這件事情擱置了。

緊接着，上司交給了 Tina 一個複雜的項目，一心撲在工作上的 Tina，就把同事邀約的事情給忘了。結果就是，她沒有給予對方任何回覆，直到聚會時間過了，她才忽然想起這件事。不過，Tina 發現同事也沒有太在意，也許那個邀請就是隨意發的，而 Tina 不經意的沉默，也讓她避免了直接拒絕的尷尬。

不是所有問題都可以用沉默來回應，如果有人向你提出了不合理的請求，比如性騷擾、冷暴力、欺壓等，一定不能保持沉默，這會助長對方的氣焰。此時的你，一定要強烈地表達不滿，積極地採取自我保護的手段，堅決地抵抗，讓對方停止錯誤的言行。

拒絕的身體語言，你知道多少？

練習 7

巧用肢體語言表達意願

表達拒絕不一定非要用語言，也可以利用環境，或是創造讓對方感到不舒服的情境，這些都是無聲拒絕的不錯辦法。接下來要介紹的一種拒絕方法，你隨時隨地都可以用，而且非常簡單，那就是巧用肢體語言。

拒絕的身體語言，比口頭語言出現得更早。相關理論分析指出，幼兒在吃飽後，也會用搖頭的動作來拒絕大人們的餵食。當然，拒絕的動作不只是搖頭，還有許多肢體語言，都可以增強拒絕的效果。下面，我們就介紹五種有效的拒絕姿態和動作。

1. 正襟危坐，挺直腰身

貓、狗等小動物打架時，全身的毛都會豎立起來，膨脹的毛髮讓它們看起來比較龐大，這樣做的目的，就是營造一種強大的氣勢，來震懾敵人。

你也可以營造一種氣勢，給人製造一種壓迫感，比如：正襟危坐，挺直腰身，就是一個很好的方式，這樣能夠有效地增加拒絕的氣勢。雖然我們都不喜歡傲慢的人，但在拒絕他人時，不妨擺出一些傲慢的動作，高昂腦袋，這樣可以增強拒絕的效果。

2. 雙手胸前交叉，兩腳重疊

想像一下：當一個人在你面前，呈現出雙手在胸前交叉，兩腳重疊，表情嚴肅的樣子時，你會有甚麼感覺？是不是覺得這個人不好接觸，拒人於千里之外，很想避開他？

這是對料想的攻擊所採取的一種警戒措施，如果你想表達拒絕，或是堅定自己的立場，不妨擺出這樣一副姿態，真的能夠讓你氣勢倍增。

3. 不慌不忙地擺弄身邊的東西

索尼公司創辦人之一井深大，每次對他人的話題不感興趣時，就不慌不忙地攤開報紙來看。很顯然，這是在表示拒絕。還有一位評論家，每逢有不喜歡的訪客到來，他就會一邊說話，一邊整理自己的名片。對方看到這樣的動作，往往就沒有了繼續聊下去的興致，主動選擇離開。

4. 傾斜身體或側身對着對方

如果你用傾斜身體的非對稱姿勢面對他人，會讓對方感到不安。這一動作源自戰鬥姿勢，在不少的武術當中，都會用這一姿勢迎敵。

當你想要拒絕他人的請求時，不妨傾斜身體，或是側身對着對方。如此，即便你不說話，對方也可以從你的氣勢中感受到「不」的意思。這種攻擊性的姿勢，還可以讓對方感受到，你的拒絕不是隨便說說，而是認真的。

5. 表現自己身體狀態不佳的動作

一位事業有成的丈夫，經常因工作冷落妻子，妻子感到孤獨，因而也開始怠慢丈夫，搬離了原來的家。丈夫責備妻子變心，強迫她回心轉意。妻子早已經沒有這個意思，大概是對自己的行為感到愧疚，不敢絕情地把丈夫趕回去。

丈夫愈說愈激動，妻子不想再聽，就用一隻手的拇指和食指用力地按了一下眉毛下凹陷的位置。顯然，這是在表現身心疲憊時經常會做的動作。丈夫見此情形，突然就閉了嘴。見丈夫不再說話，妻子就小聲地說：「沒關係，你繼續說。」之後，丈夫又開始單方面地駁斥。

後來，妻子又做了和剛才一樣的動作。經過幾次這一動作的重複，丈夫徹底閉了嘴。從始至終，妻子沒有說一個「不」字，但最後，丈夫放棄了說服的念頭，默默地離開了。

肢體語言專家認為，表示身體狀況不佳的動作，是向交談對象發出否定的信息，比如轉動頸部、用手帕擦拭眼睛、按摩眼瞼、拍拍肩膀、按壓太陽穴等動作，都是身體向外界發出的拒絕信號：「你的話讓我感到疲憊，我希望你別再說下去。」

其實，表示拒絕的姿態和動作不止以上五種，還有轉頭、轉身、攤手、撇嘴、聳肩等動作。在拒絕他人的時候，如果能夠做到靈活運用，它們都可以增強你的拒絕力。

自我反省是成長的必經之路，但過度自省卻是一種自我折磨。討好型人格者大都存在低自尊的問題，遇到問題習慣在自己身上找原因：為甚麼他不回覆我的消息，是不是我哪裏做得不好？這麼簡單的事情，我都沒有處理好，真是太差勁了！為甚麼別人能夠做到，我卻不行？他們的心裏住着一個嚴苛的批判家，讓他們無法自控地懷疑自我、攻擊自我。

第六章

沒有一種批判比自我批判更強烈

跳出過度自省的怪圈

「我總是反思，是不是我做得不好」

修正信念 ①

過度自省是一種自我攻擊

一個人想要更好地了解自己、認識自己，必須經常對自己的行動進行審視和思考。在無暇自我反省的情況下，人們往往會處於自我感覺良好的狀態。所以，每隔一段時間都需要透過自己這面鏡子映照一下內心，看看自己處於甚麼樣的狀態。

健康的、適度的自省，可以讓我們更加清醒地看待自己和這個世界的關係。討好型人格者善於自省，但他們的問題是矯枉過正，把自己推向過度自省的困境。

過度自省，是指個體對自己的行為、想法和情感進行過度且重複的思考和分析，這種思考常常帶有自我批評和自我否定的意味，讓人陷入無盡的自我懷疑中。

討好型人格者的過度自省體現在多個方面，比如：他們會因為別人的一句話、一個眼神、一個動作，就夜不能寐、輾轉難眠；會因為伴侶態度冷淡的話語，不斷思考是不是自己哪裏做得不好；會因為小組負責的項目出了問題，認為自己的工作失職，感到愧疚不安；他們對自己要求很高，總是追求完美；對過去的錯誤無法釋懷，經常感到後悔和自責……

健康的自省以事實為依據，反思的內容有好有壞，視角相對全面，可以看到自身的優勢與不足，為下一步的自我精進鎖定方向；過度自省以頭腦中的想像為依據，對現實進行選擇性忽略，只關注負面信息，想像負面後果，是一種不切實際的自我攻擊。

英國女作家珍妮特·溫特森説：「一個人不該過分自省，這會使他變得軟弱。」這句話用在討好型人格者身上，真是貼切。在跟他人交往時，一旦出現矛盾衝突，他們就會無意識或下意識地思考，是不是自己哪裏做錯了。他們會把自己置身於卑微的境地，將每一個細節都放大，在其中找尋自己的原因。

當一個人生氣時，非討好型人格者多半會想：「他是不是遇到甚麼煩心事？」過度自省的討好型人格者，卻會聯想到：「是不是我說錯話，惹他不高興了？」

這種思維範式充斥在生活的各個方面，甚至在跟他人短訊聊天時，如果對方只是回覆了一個「嗯」，他們都會感到隱隱不安，忍不住想：「他是不是覺得我很煩，不想再回應我了？」

當頭腦中出現了這樣的預設——「是不是我做錯了甚麼？」之後，緊接着他們就會不由自主地說一些迎合對方的話，或是做出一些取悅對方的行為，以此來打消內心的不安。當一個人在人際關係中長期處於討好者的位置上，就很容易被輕視，因為討好就是在示弱。

從本質上來看，過度自省是一種低自尊的表現。低自尊很大程度上與對自己的負面認知有關。對現實的扭曲認知會屏蔽許多積極的信息，使人堅信就是自己不夠好，從而陷入焦慮不安、自暴自棄的情緒困境。討好型人格者想要走出過度自省的旋渦，需要正確認識自己，提高自尊，提升自我價值感。

美國心理學家納撒尼爾·布蘭登在《自尊的六大支柱》中指出：自尊涉及兩個方面，一是自我效能感，即在面對生活的挑戰時，堅信自己有能力應對；二是自我尊重，即對自我價值的肯定，對自己的生存與幸福權利保持肯定的態度，認為自己值得擁有幸福。

布蘭登博士列出了自尊的六大支柱：

1. 有意識地活着。
2. 自我接納。
3. 自我責任感。
4. 自我肯定。
5. 有目的地活着。
6. 個人道德準則。

布蘭登博士指出，真正的自尊不來自外部，而來自自身。低自尊很大程度上跟對自己的負面認知有關。對現實的扭曲認知會屏蔽許多積極的信息，使人堅信就是自己不夠好，從而陷入焦慮不安、自暴自棄的情緒困境。

下面有一個簡單可行的練習，它可以幫助討好型人格者在自我感覺糟糕的時候，及時把自己從過度自省中拉出來。不要強求自己在短時間內就能脫胎換骨，成長是一個漫長的過程，你要堅持進行有效的練習，還要接受中途可能會出現「反復」的狀況，但是最終你會在時間的推移中，慢慢感受到自尊水平的提升。

練習客觀地描述事實

討好型人格者在受到外界刺激時（可能是真實發生的，也可能是自己想像的），如被冷落、被批評、被拒絕、事情沒有做好等，就會陷入過度自省之中，認為自己不好。

下一次遇到類似的情況時，你可以試着換一種方式來處理 —— 停止用負面的字眼評價自己，客觀地描述事情本身，或是自身的行為表現、特質、思想和情感。

假設你把設計圖交給了上司，對方有些遲疑，並沒有即時給予回應。看到上司的反應時，你腦海裏可能立刻會出現「肯定是我做得不好！」，「他一定覺得我能力不行！」等負面評價。此時，你要提醒自己：「這些只是我的想法，不代表事實！」然後，把注意力拉回到工作上，客觀地去評價你所做的設計圖：

1. 設計圖是否符合項目所需？

2. 有沒有考慮不周到的地方？

3. 這份設計圖最突出的地方是甚麼？

4. 下一次再做其他方案，有無可借鑒之處？

思考到這裏時，你可能就會發現：即使這張設計圖沒有被採納，也不代表你做得不好，更不能説明你實力欠佳，它可能是多方面因素導致的結果。不僅如此，在描述事實的過程中，你也尋找並肯定了自己的優勢，感受到了自身的價值。

所以，別再過度自省了，你真的沒有想像中那麼糟糕！

「如果我……就不會……」

修正信念 ❷

別把所有的罪責歸於自己

上個月，陳璐患了嚴重的感冒，不得不請假三天。

雖然她沒有上班，心裏卻一直記掛着工作的事。市場業務部的工作量很大，新來的兩個下屬對流程還不太熟悉，很多事情需要陳璐指導和把關。休病假的三天裏，陳璐一直在做線上溝通，跟進工作進度。碰巧的是，有一份重要的文件必須陳璐簽字，她就讓新來的職員小新下班時順路把文件帶過來。結果，小新在路上被一輛電動車撞倒了。

這件事情發生後，陳璐總覺得對不住小新。為了消除內心的愧疚，她屢次對小新做出「彌補」，弄得小新很不好意思。畢竟，那次小意外也有小新自己的責任，況且她只是擦傷了點皮，並無大礙；就算不給陳璐送文件，她也得經過那條路。所以，她從來都不認為陳璐應當為這件事情承擔責任，反而覺得是陳璐太自責了。

陳璐的心理狀態，折射出了討好型人格者的一種扭曲的認知，即總覺得某個負面事件的罪責在於自己，哪怕沒有確鑿的證據，哪怕這件事與他們無關，他們還是會武斷地認為，事情就是和自己脱不了關係。

這種事事都認為自己不對的想法所引起的情緒，叫作「負罪感」。當負罪感產生時，當事人總覺得自己對所做的某件事或説過的某些話負有責任，覺得自己不該如此。這種情緒批判的不只是自己的行為，也批判了整個人。

「如果我……就不會……」的思維模式，是導致負罪感的重要原因。這種思維模式的危害在於，它與現實沒有任何關係，只存在於主觀的推理中，卻嚴重影響自尊與自信。

為甚麼討好型人格者總是陷入「都是我的錯」的思維誤區呢？

> 有一項針對美國大學生的調查：研究人員要求學生們記錄一件「給他人帶來巨大喜悦的事情」。結果很有意思：學生們對自我的不同看法，明顯地影響到了事件的敘述。
>
> 高度自信的學生描述的情形多半是基於自己本人的能力給他人帶來的快樂，而那些缺乏自信的學生記的更多是分析他人的需求，在意他人的感受，他們強調的是利他主義，而自信的學生強調的是自己的能力。

這項調查的結果提醒我們，罪責歸己與自信不足有密切的關係。討好型人格者總是把別人的需求放在第一位，忽視自己的感受，這就使他們萌生出了一種心態：一旦事情出了問題，就是自己的責任。他們還會因為沒有滿足他人的期待而心生愧疚。

這樣的思維模式很容易讓人產生自我懷疑和焦慮抑鬱的情緒。因為背負着強烈的愧疚感，生活和心情都變得很沉重。不僅如此，自責還會影響自信的確立，給心靈增加負擔，飽受內疚感與羞恥感的折磨。

想要擺脱「罪責歸己」的思維陷阱，最重要的是增強自我意識，告別「我應該」、「我後悔」、「我不喜歡自己」的思維方式。所以，當某件事情進行得不順利或失敗時，不要把全部的責任都歸咎到自己身上，你可以嘗試用以下兩種全新的模式來應對。

1. 轉移注意力

把注意力從感到自責的事情上轉移，做發自內心真正喜歡的事，並全身心地投入其中。心理學家研究證實：全身心投入一件事情裏，可以有效地滋養人的精力，消除人們對自己的不滿情緒。比如：讀一本喜歡的書，聽一場美妙的音樂會，去一場有趣的旅行，全身心地投入那件事情中，盡情地享受過程。

2. 客觀地歸責

現實中某一結果的發生，通常不是單方面原因所致，要實事求是地評價自己在各種事情中應當負的責任，不要盲目誇大自己的「破壞力」。這樣可以有效地保護自信心，更好地應對挫折，擺脱焦慮、內疚、悔恨等負面情緒的困擾。

「很容易原諒別人，很難原諒自己」

修正信念 ❸

你值得被自己同情和善待

「朋友失意時，我會特別耐心地安撫對方；同事工作失誤，我也會主動幫他一起處理；就算自己被親近的人傷到了，聽到他們誠懇的道歉，我也可以很快就把這件事情放下。

「然而，當同樣的情形發生在我自己身上時，我就像變了一個人。我變得小氣、狹隘、苛刻，無法用寬容的姿態面對自己，更多的時候，我都是沉溺在難以原諒自己的痛苦中。」

這是來訪者 Linda 面臨的心理困擾，她對周圍人很友好，也很寬容，可是對自己卻格外苛刻，內心充滿了自責與批判。在現實生活中，討好型人格者很容易遇到這樣的問題，那麼這種「雙標」的心理現象是怎麼產生的呢？

人類的大腦中存在「默認模式網絡」，英文簡稱 DMN。在靜息狀態下，DMN 仍然持續進行着某些功能活動。DMN

有三個主要功能：形成自我意識；關心他人；回顧過去、思考未來。

當大腦專注於某件事情時，DMN 是不活躍的；當大腦處於走神的狀態時，DMN 會特別活躍。這個時候，DMN 就會產生一種個體行為模式 —— 負向自我對話，其表現就是腦子裏「被動地」產生一些負面想法，如「我怎麼這麼笨」、「我犯了不該犯的錯誤」。

這些負面想法很容易讓人陷入消極思維的旋渦，認為自己不夠好、不夠優秀、不夠有價值，並試圖利用外在的成功去彌補這些「不足」。然而，當設立的目標達成之後，自我批評並不會停止。人們傾向於設定更高的目標，你還是覺得自己不夠好；如果沒有達成目標，就會陷入無盡的自我批判與自責中。[1]

現在，請你想像一下：如果是一個朋友跟你分享自己的失敗經歷，你會對他說些甚麼？我相信，有 99% 的概率，你會給予對方共情、支持和鼓勵。既然你有能力成為一個關懷者與支持者，那麼你也該學會像善待朋友一樣善待自己，在沒能把事情做好或是做錯事的情況下，學會自我同情。

自我同情的概念，由心理學家克里斯廷・內夫提出，是指個體對自我的一種態度導向，在自己遭遇不順時，能理解並接受自己的處境，並以一種友好且充滿善意的方式來看待自我和世界。

---

1. 《為什麼我們對他人很寬容，對自己卻很苛刻？》，作者 psychouser，微信公眾號“北京心舍”，2023 年 5 月 4 日。

概括來説，自我同情通常包含三個部分：

1. 不評判

自我同情，可以讓我們用一種「不評判」的態度來對待自己，既不刻意壓抑情緒，也不過分誇大情緒，這能夠幫助我們比較平靜地接納痛苦的想法和情緒。

2. 自我友善

自我友善，意味着用溫暖包容的態度理解自己的不足與失敗，就像對待陷入困境中的朋友一樣，而不是一味地譴責、批評。

3. 共同人性

共同人性，就是在面對不幸的事情時，告訴自己：「生命的每一刻都會發生數以千計的失誤，很多人會遇到不幸的事，我並不是唯一的不幸者。」把自己的失敗和痛苦體驗當成人類普遍經驗的一部分，可以幫助我們不被自己的痛苦所孤立和隔離。

在過往的經歷中，討好型人格者更多的是在迎合他人、取悅他人，很少關注自我。所以，自我同情對他們而言是一個相對陌生的事物，甚至是從未有過的體驗。沒關係，我們要用成長型的思維看待自己——過去不具備的能力，可以通過學習慢慢掌握。

在日常生活中，討好型人格者該如何培養自我同情的能力呢？

Step 1：及時覺察

自我反省和自我批評是成長進步的必經之路，一定的負面想法也可以幫助我們調整自己的行為，但是不加憐憫的誠實是一種殘酷，帶來的往往是挫敗感。所以，當那些批判和否定自我的念頭冒出來時，要及時地覺察，這是改變的開始。

Step 2：全然接納

當你覺察到那些胡思亂想、自我批判的念頭時，強迫這些想法停下來是很困難的，它們會不受控制地在你的腦海裏翻騰。要記住一點，沒有不應該產生的想法，哪怕它們讓你感到很難受、很痛苦。試着在腦海裏，給所有不安的想法一個棲身之所，讓它們靜靜地待在那裏，允許並接受它們存在。

Step 3：積極暗示

做到了前兩項之後，試着告訴自己：「這的確是很艱難的時刻，可艱難也是生命的一部分，我已經做到了我所能做的最好的樣子。」這些積極的自我暗示，會讓你對自己有更好的感受，並獲得面對問題、解決問題與繼續前行的勇氣。

「做不到完美，就會覺得自己很糟糕」

修正信念 ❹

約束自己≠苛責自己

早上7點半，莎莎關掉鬧鐘，不情願地從床上爬起來。

在此之前，她已經讓鬧鐘延遲了3次！現在，她不得不起床了，再躺下去就會遲到了。她沒有時間進行晨練，哪怕是簡短的10分鐘訓練，也不可能完成了。

莎莎打開衣櫃，翻找今天要穿的衣服。她想穿那件白色的襯衫，可怎麼都找不到。正在煩心之際，她忽然想起來，那件衣服還在洗衣機裏，前天脫下來忘了洗。

洗漱完畢後，已經快8點鐘了，沒有時間吃早餐了。下了地鐵之後，莎莎覺得很餓，剛好地鐵站的一間麵包店，她買了一個肉鬆麵包，還有一杯拿鐵，花了32元。

終於準時來到了公司，但莎莎並未感到輕鬆，反而心情很沉重。她不喜歡這樣的狀態，像是熱鍋上的螞蟻。她希望自己可以按時起床、運動、洗衣服、控制預算、吃健康的食物，這樣她能擁有健康的身體，保持充沛的精力，還能實現理財計劃。此時此刻，她為自己沒有控制住花銷和執行控糖計劃感到沮喪和自責，認為自己很不自律、很差勁！

為了保持身體健康和精力充沛，遵從自己的價值觀生活，妥當安排自己的飲食習慣、消費習慣，可以給人帶來秩序感和確定感。然而，這並不是一件容易的事，每個人都在某種程度上存在自我管理的困擾。羅曼・格爾佩林在《動機心理學》裏說過：「不管意識層面的企圖是甚麼，我們的內心都有一些反面的力量，在不斷推動、誘惑甚至決定我們的行為，哪怕我們曾有意識地去抵抗這些力量。」

研究大腦行為的科學家指出，大腦天生會被惰性的行為吸引。換言之，大腦天生就是懶惰的，完全禁不住誘惑。這就使得，很多時候我們制訂了完美的計劃，卻無法完美地執行。

討好型人格者很早就學會了揣摩他人的意思，為了獲得他人的認可與讚賞，會努力讓自己做到 100 分。久而久之，他們產生了完美主義的情結。他們對自身的期望很高，只是這些期望經常是脱離實際的。試圖把事情做到極致的討好型人格者，內心大都存在這樣的想法：我的價值源於我的成就；犯錯是能力不足的表現；努力的結果只有成功或失敗，不存在足夠好的狀態；沒有十足把握的事情不能做……

這些可以總結成一個通用的公式：

自我價值＝能力＝表現。

如果執行得很完美，就證明自己很自律，「我」是一個優秀的人；如果表現得不好，就證明自己不夠自律，「我」是一個糟糕的人。當自我管理成為自我價值感的唯一衡量因素時，就出現了一個錯誤的邏輯：做得完美證明「我」很出色，做得不好證明「我」很差勁。

由於討好型人格者給自己設定了一堆超高的標準，並用這些高標準來評判自己的行為，所以他們不得不面對挫敗。更糟糕的是，高標準與低自尊總是相互強化。達不到高標準，會對自己感到失望，對自己產生負面的評價；達到了高標準，也無法確定別人究竟是喜歡自己這個人，還是喜歡自己的表現，只能繼續維持甚至提高原有的標準。結果可想而知，不是疲憊不堪就是自我否定，簡直就是一個惡性循環。

自律沒有錯，每個人都應當在言行上有所約束，但自我約束不等於自我苛責。

對於一直用高標準來要求自己的討好型人格者來說，適當地降低自我要求，就是自我救贖之路。當你鑽了牛角尖，為某些瑕疵糾結時；當你對某件事物感到恐懼和不自信時，你都要及時告訴自己：「沒關係，誰都不是完美的。」萬物有裂痕，光從痕中生，放下對完美的執念，便是自由的開始。

「總是忍不住回想自己做過的蠢事」

修正信念 5

停止反芻，走出痛苦的循環

依子因感情問題走進心理諮詢室，她和男朋友分手之後，每天都沉浸在失戀的痛苦中。她很想走出這種狀態，可是睜眼閉眼全是對方的影子，以及過往相處時的點點滴滴。

依子非常自責，她說：「我沒有安全感，是我親手毀了這段關係，是我把他「推開」的。我真的很痛苦，現在已經沒辦法集中精力工作了，就連洗澡、收拾房間這樣的小事都做不到。我每天都在想這件事，愈想愈難受，愈想愈恨我自己。」

依子的痛苦是真實的，但這份痛苦有一半是失戀所致，另一半則來自反芻思維。

反芻思維，就是不斷地回想和思考負面事件與負面情緒。

當一個人過度關注痛苦的經驗以及事物的消極面時，不僅會產生嚴重的負面情緒，還會扭曲認知，以更加消極的眼光去看待生活，從而感到無助和絕望。如果沒有正確的引導，時間長了，很容易發展成抑鬱症。

討好型人格者經常會沉溺於過去的錯誤與失誤中，彷彿自己就是一個「失敗者」，甚麼時候想起來都會感到懊惱。這種反芻思維會嚴重消耗個體的精神能力，削弱其注意力、積極性、主動性以及解決問題的能力。

反芻讓人在負面情緒中飽受煎熬，直至精力消耗殆盡，以更加消極、片面的眼光看待一切。想要避免陷入抑鬱情緒，或早日從抑鬱情緒中走出來，及時叫停反芻思維至關重要。那麼，該如何打破反芻的循環，減少它對自己的傷害呢？

打破反芻循環的方法，主要有以下兩種：

1. 分散注意力

沉浸在反復回憶痛苦的反芻中時，提醒自己「不要去想」是無效的，且大量的實驗證明，努力抑制不必要的想法還可能引起反彈效應，讓人不由自主地重複想起那些原本盡力在逃避的東西。事實上，與拼命的壓制相比，更為有效的辦法是分散注意力。

相關研究顯示，通過去做自己感興趣或需要集中精力完成的任務來分散注意力，如有氧運動、拼圖、數獨遊戲等，可以有效地擾亂反芻思維，並有助於恢復思維的質量，提高解決問題的能力。所以，不妨創建一張對自己有效的分散注意力的事件清單，在發現自己陷入反芻中時，立刻去做這些事，阻斷反芻。

2. 切換看問題的視角

為了研究人們對痛苦感覺和體驗的自我反思過程，科學家們試圖找出有益的反省與消極的反芻之間的區別，結果發現：人們對痛苦經歷的不同反應，與看待問題的角度有直接關係。

在分析痛苦的經歷時，人們傾向於從自我沉浸的視角出發，即以第一人稱的視角去看問題，重播事情發生的經過，讓情緒強度達到與事件發生時相似的水平。當研究人員要求被試從自我疏離的角度，即第三人稱的角度去看待他們的痛苦經歷時，他們會重建對自身體驗的理解，以全新的方式去解讀整個事件，並得出不一樣的結論。由此可見，切換看待問題的視角，從心理上拉開與自我的距離，有助於跳出反芻思維。

在實踐這方法時，你不妨這樣做：選擇一個舒服的姿勢，閉上眼睛回憶當時的情景，把鏡頭拉遠一點，看到自己所處的場景。當你看到自己的時候，再次把鏡頭拉遠，以便看到更大的背景，假裝你是一個陌生人，正在路過事件發生的現場。確保每次思考這件事時，都使用同樣的場景。這樣做，有助於減少生理反應。

「怎樣才算是無條件的自愛？」

修正信念 6

你要允許自己不夠好

在諮詢室裏，我接觸過各種各樣的來訪者，也聽到過不盡相同的人生際遇。當他們鼓起勇氣去探索自我，對內心的困惑進行深度剖析時，我看到了一個事實：許多內心問題的根源，是一種近乎偏執嚴苛的自我要求。「我要變得優秀！」、「我不能犯錯！」、「我要比周圍的人過得更好！」為了達到這些標準，有人偏執、有人焦慮、有人抑鬱、有人分裂。

討好型人格者的內心深處有一個錯誤的信念，就是認為自己不夠好、不值得被愛，所以他們會拼命地隱藏真實的自我，努力呈現出他人期待的樣子，並用嚴苛的標準要求自己。一旦達不到這些評判標準，他們就會感到痛苦，不喜歡現實中的自己。外在的評判標準，也很容易讓討好型人格者陷入與他人的盲目比較中，一旦有人在某些方面優於他們，而他們又無法改變現狀，就會產生自我懷疑和自我否定。

人生最重要的關係，是自己與自己的關係。討好型人格者的焦慮、愧疚、自卑、懦弱，不是源於他們不夠好，而是因為他們內心住着一個嚴厲苛刻的批判者，不停地對他們進行挑剔和指責。「你不夠聰明！」、「你能力不足！」、「你不漂亮！」、「你膽子太小！」……認同了這些話，就會持續地吸引他人強化這些聲音，讓他們進一步感到自慚形穢。

當一個人總是懷疑自己、否定自己時，生活中的一切都會受到負面的影響。住在心裏的那個「批判家」，時刻準備抓住你的失誤和弱點，而後作出嚴厲的批評，讓你陷入痛苦的情緒中，對自己感到失望。反之，如果能夠無視或在必要時反駁這個「批判家」，完全地接受自己，認為自己是值得被愛的、有用的、樂觀的，那麼無論自己有多少缺陷，曾經犯過多少錯，都可以平靜坦然地接受，沒有絲毫抵觸與怨恨。

那麼，怎樣才算是接納自己，又該如何去做呢？

接納自己，是指接納真實的自己——那個不夠好的自己。你需要認識到，不是所有的改變都可以達到外界的評判標準，每個人都有局限性，有些事情就是無法改變的，比如：令你不滿意的身高、身材比例等，要承認並接納這一事實。

你可能覺得不可思議，明明不喜歡那些缺陷，為甚麼要接受，又怎麼接受呢？

你要承認，鏡子裏的那個形象就是你真實的模樣，接受它，會讓你感覺舒服一點。你身體上的某些部位可能符合你的完美標準，而有些部分則不太符合你的理想。對此，不要逃避，也不要抵觸和否認，嘗試放棄大眾標準——眾人眼裏、口中的「好」，轉而用自己的標準來看待自己、接受自己、肯定自己。

接納自己，就是接納自己本來的樣子，允許自己不夠好，有做不到或做不好的時候，同時也肯定自己的長處，相信自己的潛能，看到自己的努力。説得再直白一點，不嫌棄現在的自己，在可以進步的地方付出努力，就是成長，也是愛自己的表現。

在過去的很多年裏，可能你一直圍繞着別人轉，花了大量的時間和精力關注別人想要甚麼、喜歡甚麼，努力滿足他人的需求和期待，從未按照自己的價值觀活過。這不是你的錯，你只是被過往的經驗和一些錯誤的信念困住了，現在你可以打破它們，以自我為軸心去生活。僅有一次的人生，就要暢快淋漓地活！

第七章

別再圍着他人轉，你不虧欠任何人

以自我為軸心去生活

把他人的評價當成一塊石頭

重啟人生 ①

過去你被它絆倒，現在你把它踩在腳下

討好型人格者過分看重別人對自己的評價，這是他們的一個人格弱點，也是誘發消極情緒的一大原因。正如三毛所言：「我們不肯探索自己本身的價值，我們過分看重他人在自己生命裏的參與。於是，孤獨不再美好，失去了他人，我們惶惑不安。」

他人的評價，有時可以幫助我們認識自己，但這並不代表他人的評價都是正確的。若是不懂得分辨，將其中那些否定自己、懷疑自己的話視為真理預言，無異於淪為了他人的傀儡。

既是他人的評價，就意味着發聲者是基於他的立場、他的經驗，以及他對我們所做之事的看法，不總是客觀事實。面對複雜多樣化的評價，甚至是人身攻擊時，正確地看待它們是一件至關重要的事，因為它會影響我們當下的情緒，乃至往後的人生。

美國女演員索尼婭·史密茨，讀書時曾經被班裏的一個女孩子嘲笑長相醜陋，跑步姿勢很難看。索尼婭很受傷，回家後在父親跟前大哭一場。父親聽後，並沒有安慰她「你很好看，跑步的姿勢也不差」，而是跟索尼婭開玩笑說：「我可以夠得着家裏的天花板。」

索尼婭有些沮喪，她沒有得到想要的回應，更不知道父親為甚麼要把話題扯到天花板上，要知道，天花板有 4 米高，普通人怎麼可能夠得着呢？見她不解，父親問道：「你不相信，是嗎？」索尼婭點點頭。父親接着說：「這就對了！所以，你也不要相信那個女孩子說的話！要知道，不是每個人說的話都是事實。」

索尼婭應該很慶幸，有一位風趣又睿智的父親。父親的提醒，讓她沒有聽信同學對自己的惡意評價。否則的話，多年後的她一定沒有勇氣自信地站在鏡頭前，盡其所能地飾演角色。更可能發生的情形是，她會在很多場合中不斷地暗示自己：「我不好看，動作也不協調……」

人生的舞台很大，會有各種角色出現，也會有不同的聲音湧現。可是，無論怎樣，我們都要記住，這場戲的導演始終是自己。他人的評價就像一塊石頭，你可以被它絆倒，也可以把它踩在腳下，選擇權在自己手裏。

如果你想把它踩在腳下，下面這三點建議可能會對討好型人格者有所幫助：

1. 把他人的觀點與自我價值區分開

無論別人說甚麼，都只是他們對事情的主觀看法，並不是真理和事實，也並非不可改變。你認為有道理的就聽取，認為不對的就一笑而過。至於那些企圖支配你的人，你要堅定一個觀點：你的意見跟我沒有關係。不必依照他人的感情確定自己的價值，也不必去費心解釋和反駁，有些事愈解釋愈糾纏不清，最終都是徒勞。

2. 不要指望所有人都能夠理解自己

人的思想、修養、經歷各不相同，任何人都不可能對他人的言行完全做到感同身受，就連我們自己也一樣，會對某些人的某些舉止感到疑惑不解。如果每件事都要得到他人的理解之後再去做，那麼人生的很多時光和機會恐怕都會錯過。

3. 在「不想被討厭」與「是否被討厭」之間劃清界限

沒有人希望被人討厭，或是故意招人討厭，這是人的本能傾向。但生活不可能盡如人意——讓我們在自由地成為自己和滿足他人的期待之間實現完美的平衡。很多時候，我們需要作出選擇：要過被所有人喜歡的人生，還是過有人討厭自己卻活得自由的人生？是更在意別人如何看待自己，還是更關心自己的真實感受？

選擇自己感興趣的職業，堅持自己認可的不婚主義，拒絕令自己感到為難的請求，這些都是自己的課題，我們該做的是誠實地面對自己的人生，正確處理自己的課題。至於父母對自己所選的職業是否滿意，周圍人怎樣看待不婚主義者，被拒絕的人會不會對自己心生嫌隙，那都是別人的課題，我們無法左右，更無法強迫他人接受我們的思想言行。

「不想被討厭」是自己的事，「是否被討厭」是別人的事。當你學會在兩件事之間劃清界限 —— 雖不想被人討厭，可即使被人討厭也能接受，你在人際關係中就會變得輕鬆和自在，不會輕易為了他人的看法而壓抑自己、委曲求全。

不要再把命運之繩交給任何人

重啟人生 2

擁有一個你說了算的人生

梅克是華爾街的操盤手，幫人代理投資和操作股票有十幾年了，經驗非常豐富。他很了解那些股民是如何犯下致命錯誤的，那就是在重要的問題上把決策權拱手讓人，從而完全受制於人。

在梅克看來，投資者必須十分了解自己和自己的系統，這是至關重要的事。他說：「為甚麼多數的股民基本作不出良好的交易決策呢？為甚麼他們在聽到錯誤的引導意見時不懂得拒絕，反倒是興高采烈地跳進火坑呢？事實上，就是因為他們完全不了解自己，不了解市場，選擇了非常笨拙的策略。」

梅克談到一位「超級股民」時，笑着說道：「我之所以把羅迪先生稱為『超級股民』，是因為他是公司的大金主，每年委託我管理的資金有幾千萬美元，可他對投資市場一竅不通。我們都喜歡他，因為他太容易說服了。面對一個投資意向，一支走勢不明的新股票，他總是隨便地一揮手，就說『你來幫我決定吧！』」

羅迪在波士頓經營着一家 PVC 製品工廠，年利潤豐厚。他把所有的閒錢都交給了我，購買基金、股票等一切可能盈利的理財產品，但不是每一次投資都賺錢，真正能夠賺錢的理財產品不足三分之一。可是，羅迪並沒有自己的主意，他總是問：「要把錢拿出來嗎？這麼重要的決定，一定要專業人士來做，我相信他們。」

「他相信我，這是他的致命失誤。他沒有考慮到一個嚴重的問題，是否作出繼續投資的決定，不能由這筆錢的受益方來決定，而是要他自己來選擇。可問題是，羅迪缺乏投資頭腦，他意識不到自己已經違反了投資原則。」

為甚麼有人會把重要的事情交給其他人來作決策呢？

最根本的原因就是不了解自己，不信任自己，能力也不足，總覺得別人比自己更有能力作出「對」的選擇。對討好型人格者來說，如果想在拒絕他人時底氣十足，掌控自己的人生，就要不斷提升自身的能力。當你足夠了解自己，有充足的知識儲備，並掌握了正確的方法時，即便有人企圖用錯誤的計劃誘導你失敗，你也可以迅速地避開，讓他不敢再嘗試第二次。

從某種意義上來說，把重大的決定權交給別人，是對自己人生價值的漠視。

張楚在面對人生的選擇時，經常會陷入糾結和矛盾：是該聽從父母的意願從事他們希望我做的工作，還是遵從內心，按照自己的興趣來選擇？是該趁年輕到外面去闖一闖，還是平淡地度過餘生？是該聽從家人的意見，選擇他們認為條件不錯的那個人，還是應該不將就，等着那個自己真正喜歡的人？

她不敢輕易作決定，甚至害怕自己作決定，擔心會因為自己的選擇傷害最親最近的人，也擔心拒絕了他們的意見會讓自己「吃虧」。在這樣的處境之下，張楚往往會把決策權讓給別人。她潛意識裏的想法就是，「不是我自己作的選擇，也就不必對結果負責」。

在這種思維的束縛之下，張楚不僅在人生大事上不敢自己做主，在許多小事上也要徵求別人的意見，比如：選擇甚麼顏色的窗簾、甚麼款式的衣服、剪甚麼樣的髮型等。她總是很難獨立地作決定，總是習慣性地問別人該選哪一個。有時，對方給出的意見並不是她特別認同和滿意的，但仍有一種無形的力量驅使着她聽從對方的意見。

馬斯洛認為，一個完全健康的人必備的特質就是，充分的自主性和獨立性。

不能獨立地作決定並不是一件小事，它意味着無法操控自己和把握自己的命運。在過去的歲月裏，如果你一直畏懼自己作決定，太過依賴他人的意見，甚至不敢拒絕他人的建議，那麼從現在開始，請你學會使用以下三個方法，幫助自己培養獨立決策的能力。

1. 分析利弊

找一張白紙，在紙的正反兩面，分別寫出作決策產生的最大好處和最大壞處。寫完之後對比一下，你會發現，決策很簡單。

2. 向內發問

作決定之前，你不妨問問自己：作了這個決定後，我會不會成為自己希望的那個人？會不會得到自己渴望的那份好處？作了這個決定，是否更貼近「理想中的我？」如果答案是肯定的，那就果斷一點，不要再猶豫。

3. 提升自我

平日多提升自我，建立充分的自信心，有足夠的能力和自信是克服優柔寡斷、唯唯諾諾的根本保證。偶爾，你可以嘗試把自己置於一個「孤立無援」的絕境，用自強的勇氣和自信的力量去引導自己。

總而言之，遇事不要等別人拿主意，更不要一味聽信他人的意見，要學會獨立思考，自己決斷。命運在你自己手裏，不要讓自己的命運之繩由別人牽着，後果卻由你來承擔。

努力賺錢不可恥，更不是虛榮拜金

重啟人生 ③

正視慾望，對財富說「是」

自媒體圈的一位朋友，曾跟我分享她在運營公眾號過程中遇到的糾結。我有一位朋友，她的文筆很好，想法獨到，有好幾次看到她的推文，我都感到震撼，分析的視角太獨特了。由於更新頻繁，又總能有出人意料的好文，她的公眾號粉絲增長得很快，且閱讀量也越來越高，有不少文章被轉載。

公眾號做得好，廣告商也找到她。她並不是甚麼廣告都接，害怕傷到讀者，在精挑細選之後，推薦了一款日用品，也拿到了自己的第一筆廣告費。這原本是一件好事，但還沒顧得上開心，就遭到了一大群粉絲的不滿和譴責。

「沒想到，你也開始接廣告了，失望。」

「本以為你不食煙火，原來都是假像，最終還是沒禁得住銅臭的誘惑。」

看到這些留言，她心裏五味雜陳。我問她，到底是甚麼感受？她說了幾個詞語：委屈、憤怒、焦慮、憎惡……我相信，這些都是她最真實的情緒和感受，但之後她又說了一句：「我還有一點內疚，好像自己做錯了甚麼。」

「做錯甚麼了呢？」我繼續往下問，希望她能更多地向內探索出一些東西。她思考了一會兒，帶着不太確定的表情，緩緩地說：「好像是，我就應該老老實實地寫文，把有價值的想法傳遞出來，不應該和錢扯上關係。似乎「賺錢」這個想法在這裏是不該有的。」

我提醒她深入地思考一下，為甚麼會認為在運營自媒體這件事情上，不應該有賺錢的想法，這種想法從何而來？她說：「這個問題有點複雜，我需要認真想想……當下的我，就是覺得寫文是一件發自內心的喜好，有那麼多人欣賞我的生活態度，我很害怕因為錢的問題，被貼上『庸俗』的標籤。」

其實，很多人的內心存在類似的掙扎，這與長期以來的世俗觀念有關——要做一個與世無爭的人，不能金錢至上，野心和慾望會讓人迷失自我。久而久之，潛意識裏就形成了一個固有的信念——對金錢有慾望是一件「不好」的事。

這位自媒體朋友，無論是文風還是性格，都給粉絲留下了知性的印象。粉絲們認為她有生活情趣，思想超脫，而她也被困在了這樣的「人設」裏。為了保持知性、淡然的形象，她不敢正視自己對金錢的慾望，害怕別人說她「庸俗」，「拜金」。

實際上，無論是接廣告、賺流量費，還是主動帶貨，都是再正常不過的事。做自媒體不是做公益活動，能接到廣告說明有實力，能靠做喜歡的事情賺錢是本事，把自己的知識和能力變現，有甚麼可羞恥的呢？

有人不敢正視對金錢的慾望，總把錢與人性的陰暗面聯繫在一起；有人對性的問題心存芥蒂，哪怕夫妻生活不太理想，也不敢表達出自己的感受，總覺得有這樣的慾望是羞恥的。

生而為人，對金錢有慾望，對性心存期待，真的是罪惡嗎？不，這些都是正常的需求！就像餓了想吃東西、渴了想喝水、累了想休息、孤單了想有人陪伴一樣，如果你從未因為這些需求指責自己說「不該如此」，那麼也不要用有色眼鏡去看待金錢和性。

慾望是人與生俱來的正常反應，沒有對錯之分，錯的是因為慾望而做出危害他人的行為。

物質與精神生活都需要金錢和物質的支撐。對一個按時更新、持續輸出的自媒體人來說，粉絲閱讀到的每一篇文章背後，都藏着不為人知的付出。她要在生活中閱讀大量的書籍，積極地尋找並發現素材，要構思文章的題目和框架，要靜下心來去撰寫並修訂，寫好後精心排版選圖，最後呈現給讀者走心的內容……這些付出，難道就應該是免費的嗎？

無論是專職還是兼職的寫作者，都需要一日三餐、繳納房租、償還貸款、養家糊口，他們也背負着生活的重擔。對於這樣一個傾注大量心血、時間、精力的撰稿人，指責她在公眾號接廣告，鄙視她賺取廣告費用的行為，是不是一種殘忍呢？

公眾號接廣告是為賺錢，可是靠自己的勞動和知識賺錢不可恥；想要給自己和家人更好的生活，努力地靠自身才學，靠經營內容來賺錢也不可恥。喜歡錢不是罪惡，不偷、不搶、不違法傷人，更無須背負內疚。

人活一世，時時刻刻都會對一些東西產生慾望，這是人性中的一部分，不用去鄙視它，也不用去厭惡它。慾望本身只是慾望，並不代表甚麼。我們都可以喜歡金錢，但不代表我們會成為唯利是圖的人，會為了金錢不擇手段。

金錢和慾望不是貶義詞，而是中性詞，不帶有任何的道德屬性；如何獲取它、使用它，才能最終決定它的性質。不要再去詆毀、壓制、憎惡內心的慾望，請選擇正視和接納，並為實現合理的慾望付出努力。金錢可以讓一個沒有安全感的人變得有安全感，讓一個有安全感的人變得更放鬆。只要靠自己的能力賺錢，只要問心無愧，你完全可以大大方方地談錢，心口合一地去努力掙錢。

我就是我，是顏色不一樣的煙火

重啟人生 4

你可以和多數人不一樣

「為甚麼我和別人不一樣？」

「為甚麼你要和別人一樣呢？」

如果你看過泰國的潘婷洗髮水廣告，一定記得這兩句頗有意義的台詞。

> 對小提琴情有獨鍾的聽障女孩，深受街頭小提琴賣藝老人的鼓舞，報了音樂培訓班，結果遭到了所有同學的奚落。殘酷的現實把女孩的夢想擊得粉碎。在回家的路上，女孩再次遇到老人，她哭着問老人：「為甚麼我和別人不一樣？」老人反問她，「為甚麼你要和別人一樣呢？」音樂是有生命的，閉上眼睛用心去感受，就能看見。
>
> 女孩放下了所有的顧慮，即使迎着眾多輕蔑的目光，仍然心無旁騖地練琴。多年後，在一次青年古典音樂大賽上，女孩以一首《卡農》震驚了在場的所有人。那一刻，回想起以往的苦難與屈辱，她已是雲淡風輕。

走出這段廣告，聯想到現實生活，再重新品味那兩句台詞，感慨頗多。

討好型人格者情感細膩、直覺敏鋭，遇到事情容易多思，也經常會跳出和別人不一樣的想法。可是，這些想法大都停留在腦海裏，不敢表現出來，害怕遭人非議和否定。他們不是沒有能力，也不是缺少機會，只是從一開始就在內心給自己設置了太多的約束，不敢打破世俗的規則，不敢遵循內心真正的聲音去抉擇，不敢邁出「非常規」的第一步。

他們害怕，當自己和別人不一樣時，就意味着「我是另類」，我的言行舉止都很「扎眼」。游離在大多數人之外，註定要承受外界的輿論非議和異樣的目光，自己的一切都可能被當成茶餘飯後的話題。他們不願背負額外的壓力，情願或被迫地選擇了「和別人一樣」。

他們選擇了和別人一樣，進入了大多數人的「圈子」，迎合着他人的期待，討好着世俗的標準，過着身不由己的日子；為了贏得別人的好感，他們總是委屈自己，違背真實的心聲。可是，隨着時間的推移，他們逐漸意識到，這條路愈走愈迷茫，愈走愈找不到動力和理由，除了疲憊、憋屈、厭煩，所剩無幾。終於有一天，他們想要發出自己真實的聲音了，可猛然發現，竟然沒有人在意自己、理解自己、接納自己。

既然討好無用，何不換個思路去想想：為甚麼非要和別人一樣呢？

> 金正勳在《不諂媚的人生》裏説過：「生活每天都充斥着各種各樣的選擇，最可怕的是不知不覺中放棄了對自己、對生活的警醒和覺察，任由別人灌輸的信念和過去的慣性來支配自己的生活。人生最悲涼的笑話，莫過於用盡畢生努力成功地成為別人。人只有一輩子，為自己而活才是最大的奢侈。」

你的生命是獨一無二的，你可以有自己的想法，你有權選擇自己喜歡的生活方式。一輩子，三萬天，可以不是轟轟烈烈，卻一定要豐富多彩；可以不求功成名就，卻一定要有所追求。在有限的生命裏，讓自己活得美好、舒適、無悔，其實比獲得名利財富更有意義。

未來的日子裏，願你可以坦然地做自己，不從眾，不違心，活出不可複製的人生。

生活是養自己的心，不是養別人的眼

重啟人生 5

別人怎麼看，和你沒關係

日本小說家山本文緒說：「一個人心裏會不安，其實是更介意別人的目光。」

這句話想必會戳中討好型人格者的心。他們特別在意自己在別人心中的形象，把世人所珍視的美好品質及認可視為自己的行事標準，做到了就心安，做不到就自責。

蘇睿在一家公司做業務代表，因為銷售工作存在激烈的競爭，偶爾還會牽扯到利益的衝突，難免會與周圍人出現關係緊張的狀況。每次遇到這樣的事，蘇睿就感覺心神不寧，沒辦法正常工作，甚至想要「一走了之」。

這種性格與蘇睿的成長環境有關。他的父親非常嚴厲，對他從小管教嚴格。小時候，他在各個方面都努力做到讓父母滿意，但偶爾情緒還是會影響能力的發揮。當他沒有做到最好的時候，父親就會指責他說：「你是怎麼回事？我看你就是沒用心！」然而，為了虛榮和面子，父親還是會在別人面前誇獎蘇睿，說：「這孩子挺自覺的，學習上不需要怎麼操心，成績一直都是班裏的前三名。」

漸漸地，蘇睿在潛意識裏接受了父親的信念：「如果我做得不好，別人就會否定我，指責我，嘲笑我。」於是，取悅別人成了他生活的「潛規則」。蘇睿過得很辛苦，為了避免被人苛責和否定，他極力地維護與他人的關係，甚至會做一些違背自己意願的事來博得別人的好感和信任。唯有別人對他非常信任、非常認同，他才覺得踏實，才能在對方面前感到自然。

即使蘇睿百般討好，仍然會有跟他人關係緊張的時候，還是那句話：「你不可能讓所有人都滿意。」當別人對蘇睿提出不滿，批評指責他的時候，他會覺得特別難受，也特別想逃離眼前的處境，逃離那些指責他不好的人。

當局者迷，旁觀者清。蘇睿的問題並不在於周圍的環境和人際關係，而在於他給自己設的局。一直以來，他認為如果不取悅他人，不讓他人覺得自己好，就會遭受苛責。

其實，真有那麼多人在意他嗎？就算別人說了一句負面的話，真的代表對方否定了蘇睿所有的長處嗎？能說明蘇睿不好嗎？即使別人遠離了他，又能夠證明甚麼呢？任何一個人都不敢說，自己可以跟所有人成為朋友。遠近親疏都是人際關係中的常態，能不能成為朋友是多方面因素決定的，而非完全取決於你個人的優秀與否。

說來說去，還是因為蘇睿太在意別人的看法了。不管遇到甚麼事，他先想到的不是「我該怎麼做」，而是「別人怎麼看」。在選擇處理辦法的時候，他先考慮的是「別人的想法」，而不是「對自己有利的辦法」。

如果你也飽受着這樣的煎熬，那麼是時候摒棄過去的思維習慣和生活方式了。別忘了，嘴巴是別人的，人生是自己的，道路還是要靠你自己走下去。不要妄自猜想別人是不是對自己有不滿，即使真的遭受了旁人無情的冷落、批評、否定和排擠，也不意味着你真的那麼不堪。你愈是在意別人的評價，就愈會對自己沒信心；你愈是在意別人怎麼想，就愈容易讓自己的缺點變成負擔。了解別人的想法，不過是交流溝通的一個心理過程，沒有它，人會變得剛愎自用；但如果太在意，就會失去對自我和生活的把控。

更何況，太在意別人的看法，用別人的肯定來約束自己的生活，會給心理造成巨大的壓力。你會無時無刻要求自己保持某一個固定的形象，要求自己把事情做到無可挑剔，因為你害怕別人看到你的缺點和疏失，然後以此為說辭來否定你。慢慢地，你做人做事都會放不開手腳，失去積極主動的活力，連創意和主動性都會消失。

美國科學家費曼有一個活潑開朗的妻子，他給她起了一個親暱的稱謂叫「貓咪」。妻子平日裏喜歡搞一些新奇的東西，為他們的生活增添了不少情趣。費曼在普林斯頓時，有一天收到了妻子寄來的一盒鉛筆，上面寫着金色的字：「查理！我愛你。貓咪。」

費曼很喜歡這份禮物，可這一句親暱的話……如果在跟教授朋友們討論問題時，不小心讓他們看到了，別人會怎麼想呢？索性，費曼就把鉛筆上的字刮掉了。

第二天，費曼又收到了妻子的來信。信的開頭寫道：「想把鉛筆上的名字刮掉嗎？這算甚麼？難道你不以擁有我的愛為榮嗎？」接着，她用很大的字體寫道：「你管別人怎麼想！」

這番話打動了費曼。後來，他寫了一本書，記述他們多年來的生活以及自己在科學上的重大突破，書名就叫《你幹嗎在乎別人怎麼想？》。

這些故事，無非在提醒和告誡我們：不要太在意別人怎麼想，也不要因為別人的評議而做一個不真實的自己。有人的地方就有口舌是非，就有意見和批評。時刻都想着別人的看法，只會愈活愈痛苦，愈活愈沒有自我。把目光從別人的身上轉移開來，不要把自己看得太重要，也不要猜想別人會怎麼看自己。順其自然地做自己，不再奢望得到別人的好評，不再逃避別人的否定和苛責，才會感到輕鬆和舒服。

善待自己，覺知自己的感受與需求

重啟人生 6

留一點時間自我療癒

37 歲的 C 女士，在一間公司做行政主管，每天要處理大量的事務，有時忙碌起來都無暇喝水。走出職場，回到家中，她又要扛起妻子和母親的重任。晚飯過後，一邊整理家務，一邊盯着孩子做功課，幾乎天天如此。好不容易到了週末，又要帶孩子上課外班，還得抽出半天時間去照顧臥病在床的父親。

這種連續轉的狀態，讓 C 女士感到身心俱疲，情緒也是反覆無常。特別是在照顧孩子的時候，她經常難以自控地發脾氣。C 女士知道，再這樣下去會影響親子關係，但一時間又處理不好這個問題。幾經考慮，她選擇求助心理諮詢師，希望能夠幫助自己控制情緒。

經過幾次深談之後，諮詢師發現，C 女士的問題不是缺少育兒方法，而是精力、體力嚴重透支。諮詢師問 C 女士：「如果給你半天的空閒時間，你最想做甚麼呢？」C女士嘆了口氣，說道：「我呀，就想安靜地喝一杯咖啡，甚麼都不想做。」

那天的諮詢結束後，諮詢師給C女士安排了一項功課，讓她下週安排半天時間去喝一杯咖啡，C女士點頭應允。可是，再來諮詢時，C女士卻慚愧地告訴諮詢師，她沒有完成這項功課。

C女士原本計劃週日下午去咖啡廳小坐，可是走到半路，她忽然覺得有一種「愧疚感」，認為自己太自私了，只顧着自己去享受愜意的咖啡時光，而不去照顧癱瘓在床的父親。於是，她中途改了路線，踏上了去父母家的巴士。

看到C女士的經歷，我既感慨又心疼，習慣為事業奔忙、為家人付出的她，竟然連喝一杯咖啡的時間都捨不得留給自己。在她看來，享受愜意時光不是一種自我關愛，而是一種置家人於不顧的「自私」。為他人付出多少都覺得是應該的，為自己做點事情、花點錢，就會被愧疚和自責籠罩，心中默想：「我是不是太自私了？」

這種想法與長期以來接受的家庭教育和文化觀念有一定關係，比如「要懂得關愛他人」、「不可以太自私」、「要考慮他人的感受」。討好型人格者很會察言觀色，又很在意他人的看法和評價，為了獲得他人的認可經常會刻意討好，照顧身邊的人，壓抑自己的感受和需要。

「老好人」不習慣好好地照顧自我，他們在滿足自己的需要時，總是伴有強烈的愧疚感與自我審查感，似乎滿足了自己的需求，就會給別人帶來傷害和痛苦。然而，感受是真實存在的，壓抑不代表消解，它只會積壓在心中變成一種「怨」，以更糟糕的方式爆發。C 女士在和孩子相處時總是發脾氣，這就是一個典型的例子。

沒有原則地放棄自己的需要，違背自己的意願對他人好，這種「不自私」被內化之後，會讓人產生一種「不配得感」，對自己有需求這件事感到羞恥，想要的東西不敢去爭取，被照顧時感覺自己「不值得」，犯了一點小錯就狠狠批評自己。與此同時，這種「不自私」也給關係帶來負面影響，讓長期接受「付出」的一方不堪重負，想要逃離。

討好型人格者需要認識到，善待自我、照顧自我不是自私，兩者有本質的區別。

> 自私，是只對自己感興趣，想把一切佔為己有，為他人付出時極不情願，對外界的設想只着眼於自己可以得到甚麼。他們心中只有自己，看不到他人的需求。
>
> 善待自我，是在照顧他人的同時，也關注自己的感受和需求；願意為別人付出，但也知道甚麼時候該給自己補充情感能量。他們知道，善待自我是為了以更好的狀態回到關係中，與親近的人更融洽地相處。

討好型人格者要學會愛自己、善待自己，無須為此感到抱歉。如果不斷地把時間和精力投注在別人身上，不給自己留任何緩衝的空間，終有一日會精疲力竭。

下面有一些自我照顧的三大建議，你不妨將它們融入自己的生活中：

1. 重視你的生活品質

人的精力基石是體能，保持規律的生活作息、良好的睡眠、健康的飲食，對穩定和平衡情緒很有幫助。如果你感到疲倦，千萬不要硬撐，留出幾小時讓自己徹底放鬆一下，你會更有精神和能量去應對瑣碎的生活。另外，高敏感者的感官很容易受到過度刺激，故而更需要給自己留出「空白時間」，讓感官得以休息。

2. 做自己喜歡的事

適當調整一下自己每天的時間使用情況，力求專門安排一段時間用來做自己喜歡的事，讓自己從壓力的情境中抽離，暫時放下心理負擔，獲得喘息的空間。不要感到羞恥和不安，停下是為了更好地出發；更何況，只有先把自己照顧好，你才有餘力照顧他人。

3. 做對自己有益的事

有些事情做起來雖然不太愉快，但最終能讓自己受益，比如健康體檢、看牙醫、學習一門技能。這些事情體現着你對自己的重視，願意為提升自我進行投資。

不因他人的催促，擾亂自己的腳步

重啟人生 7

守住自己的節奏

阿陳因為工作的問題，把自己搞得心力交瘁，甚至一度情緒崩潰。

說起這件事時，阿陳暫時擱置了所有的工作計劃，他覺得自己無心處理。其實，阿陳遇到的問題並不是很複雜，就是春節過後承接了一個項目，歷經4個月的時間，還沒有告一段落，原因是甲方總是隔三差五地提出修訂意見。對方特別強勢，阿陳每一次都要跟隨他的節奏走，前前後後修訂了七八次，可對方還沒有停下來的意思。

阿陳並不反感為客户修訂內容，這是他工作的一部分。可是，這次的情況是前所未有的，因為甲方有點兒「雞蛋裏挑骨頭」。照此方式，不管修訂到甚麼時候，仍然有改進的餘地，畢竟是關乎創意的工作，沒有所謂的「最好」，只有「更好」。

甲方不是一次性地集中反饋，每當阿陳剛剛着手處理其他任務的時候，甲方的助理就會發來修訂意見。這個時候，阿陳會選擇停下手裏的事，優先處理反饋。起初，阿陳還是挺願意配合的，她希望甲方能對自己的工作感到滿意，可是被干擾的次數多了，阿陳的情緒就開始慢慢失控。終於有一天早上，阿陳鼓起勇氣對甲方的助理說：「我不想再改了。」

在修訂這個項目的期間，阿陳每週都會參加心理學講座，心有餘而力不足的她向導師傾訴煩惱：「我最近狀態很不好，都沒有心思參加了。」導師說：「如果是這樣的話，那你就更要來了。」

導師讓阿陳描述一下自己的困擾，阿陳說了很多，而導師給他的反饋是：「不知道你有沒有意識到，從始至終，你都沒有說工作給你帶來的具體麻煩，更多的時候是在指責對方。你說了好幾個「憑甚麼」。想一想，你是真的討厭修訂內容，還是討厭這種被隨意打擾的感覺？你回想一下，真正的感受到底是甚麼？」

阿陳想了想，說：「我感覺生活已經不是自己的了，我就像砧板上的魚肉，任人宰割。」

導師說：「這也是我希望你參加講座的原因，這是你生活中的一個「固定節奏」，如果再放棄的話，你想想會是甚麼樣？」

> 阿陳沒有應聲，卻也在思考。導師提醒阿陳：「無論周圍的聲音怎樣催促着你，不要去迎合它，要守住自己的節奏。」

在合作關係中，甲方提出對內容進行修訂，這是很常見的情形。阿陳的困惑在於，甲方反復要求修訂，且有點錙銖必較的意味，而她一直迎合着對方的要求，完全被對方牽制着，擾亂了自己的節奏，喪失了對生活的掌控感。

這是討好型人格者的一個弱點，他們很容易因為別人的催促而感到慌亂，因為別人的挑剔而放棄自己的堅持，不敢對外來的壓力和自己內心的壓力説不，只能硬撐着追隨他人的步伐。重新回顧阿陳遇到的問題，其實他完全可以換一種方式來處理：

——你可以隨時發來修訂的意見，但我不必即刻處理。

——我可以按照自己的節奏，集中精力把要做的事情做完。

——修訂的事宜安排在某一固定時間，哪怕一週收到三次修訂意見，也放在固定時間處理。

——如果非要打亂我的節奏，為其騰出時間，大可拒絕，並説明緣由。

一個人最好的生活狀態是甚麼樣的？在我看來，就是**屏蔽別人的噪聲，守住自己的節奏**。我們無法改變世界，也無法左右他人，按照自己的節奏行進，是自己給自己的周全。

做自己，不必討好全世界！

著者
米蘇

責任編輯
李穎宜

裝幀設計
鍾啟善

排版
辛紅梅

出版者
萬里機構出版有限公司
香港北角英皇道 499 號北角工業大廈 20 樓
電話：2564 7511　　傳真：2565 5539
電郵：info@wanlibk.com
網址：http://www.wanlibk.com
http://www.facebook.com/wanlibk

發行者
香港聯合書刊物流有限公司
香港荃灣德士古道 220-248 號荃灣工業中心 16 樓
電話：2150 2100　　傳真：2407 3062
電郵：info@suplogistics.com.hk
網址：http://www.suplogistics.com.hk

承印者
寶華數碼印刷有限公司
香港柴灣吉勝街 45 號勝景工業大廈 4 樓 A 室

出版日期
二〇二五年一月第一次印刷

規格
32 開（213mm × 150mm）

Published and Printed in Hong Kong, China
ISBN 978-962-14-7595-4

作者簡介

朴學萬卷

資深教育類圖書品牌公司，致力於個人成長類圖書的策劃與創作。團隊由富有經驗的教育學和心理學專業人員組成，專職深入研究個人成長方法。

學習是推動人生成長的強大引擎，希望可以助人體會學習成長之樂，收穫人生滿滿益處。

頂尖學習

—37 種高效自學方法—

朴學萬卷 編著

在學習的旅途上總是遇到阻滯？
哪怕你是善忘、效率低、難以專心、沒恆心，
這本書都可以幫助你找到適合自己的學習方法，
讓每個人都成為自學高手！

萬里機構

讓每個人精於學習，加速提升！